汽车工程专业系列丛书

电动汽车前沿技术及应用

文浩　曾涛　徐淳川 ◎等编著
韩维建◎主编

机械工业出版社
China Machine Press

图书在版编目（CIP）数据

电动汽车前沿技术及应用 / 文浩等编著；韩维建主编 . —北京：机械工业出版社，
2019.1
（汽车工程专业系列丛书）

ISBN 978-7-111-61259-9

I. 电… II. ①文… ②韩… III. 电动汽车－研究 IV. U469.72

中国版本图书馆 CIP 数据核字（2018）第 244209 号

电动汽车前沿技术及应用

出版发行：机械工业出版社（北京市西城区百万庄大街 22 号 邮政编码：100037）

责任编辑：袁 银　　　　　　　　　　　　　　责任校对：李秋荣

印　　刷：北京市兆成印刷有限责任公司　　　版　次：2019 年 1 月第 1 版第 1 次印刷

开　　本：170mm×242mm　1/16　　　　　　印　张：15

书　　号：ISBN 978-7-111-61259-9　　　　　　定　价：60.00 元

丛书总序

　　中国的汽车产业发展迅速，已经成为我国国民经济的支柱产业之一。随着家庭平均汽车保有量的迅速增长，汽车给整个社会带来的能源、环境、交通和安全的压力日益加大。尽管汽车在轻量化、电动化、排放控制技术和安全技术方面已经有了长足的进步，尤其是近几年互联网和通信技术在汽车的独立驾驶和智能化方向提供了极大的发展和创新的空间，但诸多的发展给汽车产业带来无限的挑战和机遇。因此，行业的快速变化急需培养一大批不仅懂专业技术，更熟悉跨界知识的创新型人才。

　　重庆大学汽车协同创新中心认识到人才培养的迫切需求，组织我们为新成立的汽车学院编写一套教材。参与这套教材编写的所有作者都身在汽车行业的科研和技术开发的第一线，其中大部分作者是近年海归的年轻博士。教材的选题经过专家在传统学科和新兴学科中反复地论证和研讨，遴选了汽车行业面临紧迫挑战性的技术和话题。第一批教材有八本，包括《汽车材料及轻量化趋势》《汽车设计的耐久性分析》《汽车动力总成现代技术》《汽车安全的仿真与优化设计》《汽车尾气净化处理技术》《智能汽车关键技术与设计方法》《中国汽车二氧化碳减排路径》和《电动汽车前沿技术及应用》。

这套教材的一个共同特点就是与国际发展同步、内容新颖。编著者对于比较传统的学科，在编写过程中尽可能地把最新的技术和理念包括进去，比如在编写《汽车材料及轻量化趋势》的过程中，不仅介绍了各种轻量化材料的特点和动向，而且强调了轻量化材料的应用必须系统地考虑材料的性能、部件的加工方法和成本。有些选题针对汽车行业发展的新的技术动向，比如《汽车安全的仿真与优化设计》主要介绍汽车安全仿真的模型验证和优化，这是汽车产品开发采用电子认证的必经之路。《电动汽车前沿技术及应用》阐述了现代电动汽车的基本原理、关键技术，以及锂电池汽车和氢燃料电池汽车在未来发展中的优势和挑战。《智能汽车关键技术与设计方法》对智能汽车的感知、控制、定位和测试验证等关键技术进行了详尽的分析与解释，并运用实验与仿真来论证书中所提出方法的正确性和实际可行性。

这套教材的另一个突出的特点是实用，比如一般汽车设计要求非磨损件的寿命是 24 万千米。《汽车设计的耐久性分析》着重介绍了汽车行业用于耐久性分析的主要工具和方法，以及这些方法的理论基础。这是进行汽车整车和零部件寿命耐久性正向设计的基础。随着环境保护的法规日益严格，汽车排放控制技术也在不断发展提高。汽车动力技术已经形成化石燃料到其他燃料的多元化发展，《汽车尾气净化处理技术》和《中国汽车二氧化碳减排路径》介绍了排放控制技术的进程和法规实施的协调，以及达到法规要求的不同技术路线。

本套丛书不仅对汽车专业的学生大有裨益，也可以作为汽车从业人员和所有对汽车技术感兴趣者的参考读物。由于时间有限，选题的范围还不全面。每本书的内容也会反映出作者的知识和经验的局限性。在此，真诚地希望广大读者提出意见，供我们不断修改和完善。

韩继建

2016 年 8 月 5 日

推荐序一

随着我国汽车工业的快速发展，先进的汽车设计理论和技术在车身开发中越来越受到重视。同时，汽车发展遇到了环保、能源、交通等各个方面的诸多问题，在这种新形势下，从业者掌握和熟练运用核心设计技术显得尤为重要。

汽车的设计与制造是一个非常复杂的系统工程，需要考虑零件、子系统、系统，乃至整车等各个层面，综合运用材料科学、能源科学、信息科学和制造科学的相关知识、理论和方法。本套"汽车工程专业系列丛书"涵盖了汽车制造系统和质量、汽车动力总成、汽车材料及轻量化、车身耐久性、汽车安全仿真与优化、汽车系统控制及其智能化、汽车尾气排放处理与二氧化碳减排等多个方面的内容，涉及汽车轻量化、安全、环保、电子控制等关键技术。

本套丛书的作者既有在汽车相关领域工作多年、有丰富经验的专家，也有学成回国、已崭露头角的后起之秀；内容安排上既有适合初学者学习的大量基础理论知识，也融入了编著者在相关领域多年来的研究体会和经验，从中我们能充分体会到现代汽车技术节能、环保和智能化的发展趋势。丛书结合大量实例，取材丰富、图文并茂。

本套丛书可作为汽车设计的参考工具，也可作为车辆工程、机械工程、环境工程等专业研究生的专门教材及学习参考书。相信该书对于汽车行业相关领域的研究生、企业研发人员和科研工作者会产生重要的启发作用，特作序推荐。

上海交通大学

推荐序二

　　作为《中国制造 2025》战略部署的主要支点之一，汽车业的持续、快速、健康发展将为中国制造业强国目标奠定坚实的基础。面对中国汽车产业大而不强的现状，自主品牌汽车产业的发展壮大时不我待。重庆自主品牌汽车协同创新中心，立足于重庆地区汽车产业，依托国家"2011 计划"，以我国自主品牌汽车发展重大需求为牵引，以体制机制创新为手段，探索我国汽车自主品牌的发展模式。中心面向国内自主品牌汽车产业，重点开展培养高端人才，汇聚优秀团队，研发核心技术，推广产业应用，整合优势资源，搭建交流平台等工作。重庆自主品牌汽车协同创新中心瞄准"节能环保、安全可靠、智能舒适"的国际汽车三大发展趋势，凝练学科发展方向，汇聚创新资源和汽车及相关领域的优势学科群，建立了全面涵盖汽车行业研究领域的创新团队。本套丛书由汽车中心特别顾问、福特汽车亚太区技术总监韩维建博士积极推动。丛书主编韩维建博士基于数十年国际一流汽车工程经验以及独到全面的行业技术趋势把握，整合及组建了编著团队进行丛书各个书籍的编著。编著团队的成员主要由具有多年国际汽车公司工作经验，并且在高校及企业科研一线工作的归国人员组成。丛书内容拥有立足成熟技术、紧跟国际前沿、把握领域创新的特点及优势，丛书的成功出版将为国内汽车行业及学科提供全面而翔实的参考材料。

书籍是知识传播的介质，也是人才培养及创新意识传承的基础。正如重庆大学建校宣言"人类之文野，国家之理乱，悉以人才为其主要之因"所阐释的，本套丛书秉承重庆自主品牌汽车协同创新中心人才培养方针，主要面向高校汽车相关学科本科及研究生的教学，同时也可为汽车行业工程人员提供参考。相信本套丛书会对我国汽车领域学科及行业产生积极良好的推动作用。

刘庆

江苏省产业技术研究院

前　言

汽车已经成为人们优质的现代生活中不可缺少的部分。然而，近100多年历史的以燃油为动力的内燃机汽车正面临着原油枯竭和人类生存环境不断恶化的挑战，以电能为动力的电动汽车可能在能源和碳排放两个限制条件下赋予汽车新的生命力。因为电动汽车不仅可能利用人们正在开发的清洁、可再生的新能源而避免或者减少使用原油这一化石燃料，而且电动汽车以电机提供动力，大大减少了动力传递的机械复杂程度，提高了能量转换效率和使用效率。然而，如果电动汽车不是用清洁、再生能源发电来充电，而继续使用化石燃料，特别是煤作为电能的来源，那么碳排放量并不能得到减少，甚至还会增加。在这个意义上，电动汽车并非等同于使用新能源汽车。锂电池作为电能的储存设备如果不能进一步提高单位重量和体积的电能储藏密度，那么电动汽车能量转换的高效率会大打折扣。氢燃料电池汽车也许能在电动汽车中弥补碳排放和高效率两个方面的不足，可昂贵的氢燃料电池汽车和加氢站的普及也面临着市场化的艰难步履。电动化汽车产业的发展方向仍然迷雾重重，并非一蹴而就，也不可以弯道超车。本书以能量转换效率和碳排放这两个潜在的要素为指南，阐述电动汽车的基本原理和在未来发展中的优势与挑战。

第1章以内燃机燃油汽车、锂电池电动汽车以及氢燃料电池汽车的对比，说明了电动汽车的显著优势和市场化挑战。作者从储能方式上的对比，对汽车的动力源能量密度和能量转换效率方面做了简要阐述。本章由文浩、徐淳川博士联合编写。

第2章介绍了电池的电化学原理，类比水的势能对电池的电化学势能进行了描述。然后从工业应用的角度，对如何以低成本实现大量生产进行了介绍。在单电池的基础上，对如何进一步使用串并联的方式，将其组装成高达300V、可以驱动汽车的电池组进行了阐述。最后，作者对当前的电动汽车行业和相关电池产业进行了描绘。本章由文浩博士编写。

第3章重点介绍了新能源车用电机，作者从电磁场以及电机用磁性材料出发，导出了旋转电机的机-电转换机制，以帮助读者理解电机工作原理，并介绍了电动汽车驱动电机的主要类型、结构以及这些类型的电机在电动汽车上的应用。最后作者讨论了电机中的能量损耗，以及驱动电机的发展趋势。本章由李万锋博士编写。

第4章介绍了车用动力电机（直流电机和交流电机）的建模原理及其常用控制方法，即直流电机的定压定流控制、交流电机的矢量控制，以及直流电机的滑模控制等。本章由曾涛博士编写。

第5章介绍了混合动力汽车的基本原理以及控制方法，其中包括混合动力的分类方法和运行原理、发动机的工作过程，细分混合动力常见的控制和优化问题，还介绍了常用混合动力控制策略和方法。本章由曾涛博士编写。

第6章介绍了氢燃料电池。作者试图从燃料电池的理论基础和在汽车上的应用两个方面做一个较为详细的介绍。在前两节中作者简单介绍了汽车用聚合物电解质燃料电池的构造和物理化学过程。从6.3

节开始，作者讨论了燃料电池的热力学原理和动力学过程，目标是揭示燃料电池的运行机制和影响因素。6.3节介绍了燃料电池的理论最大输出电压及其影响因素。6.4节介绍了燃料电池的电极电荷转移过程及其引起的极化电压损失。6.5节和6.6节讨论了物质的传输，包括电荷（特别是质子在电解质中）（6.5节）和中性物质（6.6节）的传输及其导致的燃料电池电压的降低。6.7节简单介绍了燃料电池堆和辅助系统，并介绍了燃料电池系统的水热管理。本章由鲁自界博士编写。

第7章介绍了燃料电池在汽车动力运用上的基本测试技术，通过分析燃料电池材料的微观结构、燃料电池的电化学性能，从而达到评价燃料电池材料的物理特性的优劣、电化学性能的好坏和电堆设计是否足够优化的目的。本章由张财志博士编著。

在第8章中，作者以氢气物质特性为基础，对氢气这一能量的载体进行了阐述，并以其与其他能量载体进行的比较，说明了氢气作为一种清洁、可再生能源在未来电动汽车能源中的重要地位；还讨论了使用氢气的安全性以及氢燃料电池汽车的氢气储存方式，并提供了氢燃料电池汽车的氢气储存相关参数和氢气体积及重量密度的目标。本章由徐淳川博士编写。

由于本书的知识面跨度比较大，特别是燃料电池汽车部分属于正在发展中的新能源汽车技术，所以我们邀请了在电动汽车领域工作的多名作者参与编写。他们都分别在美国及新加坡获得博士学位，并长期从事电动汽车领域的工作。鲁自界博士、李万锋博士、徐淳川博士、曾涛博士和文浩博士是美国福特汽车公司的高级工程师，张财志博士是重庆大学、汽车工程学院汽车协同创新中心和机械传动国家重点实验室的博士生导师。由于作者能力所限，书中错误在所难免，恳请各位读者指正。

目　录

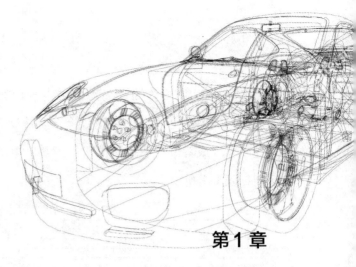

第1章

电动汽车概述

　　电动汽车（Electric Vehicle，EV）作为一个新能源汽车的主力发展方向，近年来得到了越来越多的关注。在节能减排的大背景下，电动汽车的零排放特点使其能够在新的时期承担起人们交通出行的任务。然而，电动汽车的电力产能和电池生产，可能又是一个高碳排放的产业链。那么，如何解读电动汽车？它的生产制造有哪些环节？车辆的动力驱动原理和工程学解决方案如何实现？这些问题将是本书探讨的话题。

1.1　电动汽车的定义

　　开宗明义，什么是电动汽车？简单地说，电动汽车就是以电力为动力源驱动的汽车。在本书的讨论中，除了以蓄电池为辅助动力源的混合动力汽车（HEV、

PHEV）和以蓄电池为动力源的纯电动汽车（BEV）外，电动汽车还包括氢燃料电池汽车（HFCV），但是没有讨论在国内无须上牌的代步车，或者电动滑板这类代步工具。电动汽车包括的几种常见类型如表1-1所示。

表1-1　电动汽车的分类

中文	英文全称	英文简称	例子
混合动力汽车	Hybrid Electric Vehicle	HEV	丰田普锐斯
插电式混合动力汽车	Plug-in Hybrid Electric Vehicle	PHEV	雪佛兰 Bolt
纯电动汽车	Battery Electric Vehicle	BEV	特斯拉 Model S
氢燃料电池汽车	Hydrogen Fuel Cell Vehicle	HFCV	丰田 Mirai

混合动力汽车是当代电动汽车中最早进入大众视野的车型。该车型不需要充电，只需要供应燃油。电池单元完成能量的采集和分配的任务，极大地提高了能量使用效率。从黑盒子的观点来看，混合动力汽车相当于一辆耗油量极低的燃油车，不改变用户基本的使用体验。插电式混合动力汽车不强制要求用户充电，但是短距离代步可以使用全电池动力，很多上下班距离在40千米以内的上班族可以通过充电满足每天的行驶需要，从而很长时间不用去加油。而纯电动汽车则必须充电才能行驶，一般充电时间需要4~8小时，快充也需要半小时以上，目前还远远落后于汽油加油站10分钟的加油速度。

1.2　电动汽车简史

1.2.1　史前时代

电动汽车的出现实际上早于内燃机汽车（Internal Combustion Engine Vehicle，ICEV）。1828年，匈牙利人耶德利克·阿纽升

（Jedlik Ányos）把自己发明的电机放到了一辆模型车上，这算是有记载的最早的电动汽车。然而，再过 31 年，1859 年法国人加勒东·普兰特（Gaston Planté）才发明了铅蓄电池，又过 22 年，1881 年铅蓄电池才终于有了质的改进，使得工业化大生产成为可能。这之后，电动汽车才发展起来。

半个世纪，这是电动汽车从实验室概念到平常百姓家的距离。

1.2.2　黄金时代

铅蓄电池被发明后，19 世纪末 20 世纪初，电动汽车迎来了黄金时代。最开始，纽约和伦敦这两个世界中心开始使用 EV 作为出租车。值得一提的是，在 1916 年，世界上第一辆油电混合动力的 EV 在芝加哥诞生。这就是后来丰田普锐斯的"爷爷"，不过产品销售惨淡。那时候的 EV 已经具备了当代 EV 的一些优点：无须换挡、安静无噪声、启动速度快。不过，由于行驶里程短、速度低，其只能在城市代步当买菜车，那时的 EV 就被冠以"女人车"的尴尬绰号，以至于有车厂故意在车头安放假的进气口以安抚车主。这像不像当今特斯拉弄一个假车头，里面不是引擎却是储物槽？历史总是惊人的相似。

在 EV 的全盛时期的世纪之交，汽、电、油三种动力分别占据 40%、38%、22% 的市场。那时，甚至出现了直接换电池的服务站点。

1.2.3　黑暗世纪

在黄金时代之后，便是漫长的黑暗世纪。道路状况的改善，让人们希望能够去更远的地方；石油勘探的进步，让燃油车在长距离行驶的情况下更加经济。而且，谁不想在兜风的时候一脚油门一骑绝尘呢？EV 的蜗牛速度无法满足人们对于自由的向往，渐渐被冷落下来。与此同时，燃油车的短板在不停地被补齐：电子打火器让人们不用手摇启动（参考早期的解放牌卡车），消音器让引擎更安静，最后，福特汽车的流水线让内燃机汽车被大量地、低成本地制造出来。工薪阶层两个月的工资，就能买上一辆安静、有速度且能彰显中产地位的福特 T 型车。电动汽车最后只能沦为有钱人博物馆里的收藏品。著名电视脱口秀主持人杰·雷诺（Jay Leno）家里就有一辆。

黑暗中世纪的漫长，延续了几乎一个世纪。不过，EV 的技术还是以分散的形式在发展：电池在手提式设备的商业应用中慢慢进步，电机驱动着工业机器人的手臂，控制理论在宇航和通信中不断前行。偶尔，EV 也会露个脸，比如 1971 年人类放在月球上的第一辆车。

1.2.4 文艺复兴

内燃机汽车兴盛的背景是，在长达一个世纪中，石油作为人类可传递的高密度能源的兴盛。19 世纪，洛克菲勒开采出的石油，在卡内基的钢铁中，驱动了亨利·福特的汽车，让整个工业帝国运转起来。然而，盛极必衰，在中东国家探明石油的巨大储量，并且成为全球工业机器的输血站的 20 世纪七八十年代，能源产业的上下游文明发生了冲突，输血站关上了门，石油危机爆发，车轮上的老百姓突然发现自己开不起车了。

对美国这样的车轮上的国家来说，有车开，等于有自由。寻找替代出行能源和出行方式的努力，在巨大的市场前景下大范围展开。在 1990 年的洛杉矶车展上，车企巨头通用汽车展示了 GM Impact EV 概念车，并宣布将会制造 EV 卖给消费者，拉开了 EV "文艺复兴" 的序幕。随后，克莱斯勒、福特、丰田纷纷宣布了自己的 EV 计划。20 世纪 90 年代，丰田推出了普锐斯。这款车型现在几乎成为混合动力汽车的代名词。然而，由于那时并没有足够先进的电池技术，各大车厂的 EV 其实主要是针对各地区的节能减排政策的应对措施，虽有口碑，但并无市场和进一步的研发动力。很快，各大车企施加的压力就让政客们低下了头，EV 再次沉寂。

进入 21 世纪，埃隆·马斯克（Elon Musk）的特斯拉开始登上电动汽车的舞台。从 2004 年的 Roadster 开始，特斯拉力求将电动汽车缺乏但燃油车能够提供的高端、速度、身份、时尚感赋予电动汽车。新时代的电机，配合最新的高密度锂离子电池，特斯拉可以实现媲美百万超级跑车的加速性能和身份认同。一辆成功的电动汽车，一定不能只有对环境保护的情怀和国家政策的扶持，而一定要有市场的认同。最早期的特斯拉车主，买的不是电动汽车，而是一辆好车。特斯拉带来的产业冲击，开辟了前所未见的高端 EV 市场，也促进了传统车企的重兵进入。

时间前进到当下，雪佛兰 Bolt 和特斯拉 Model 3，首次将 BEV 价格降到 4 万美元以下，成为大众买得起的纯电动汽车。

1.3　锂电产业

回看历史，继往开来。当我们细数电动汽车的发展史的时候，中国的角色是缺失的。幸运的是，在这个领域，我们不需要再去引用四大发明领先西方多少年的举例。中国已经和日韩两国一起，成为世界上三大最重要的电池生产国，而我国的汽车市场早已经在2009 年超越美国成为世界第一大国。巨大的市场和技术的积累，让我国有条件发展自己的电动汽车产业。

然而，必须要清醒地认识到，一个产品的设计，其背后是一整

套工程学方法；一套工程学方法，其背后是上百年沉淀下来的科学
理念。一个高中生就可以通过网络搜索告诉你古德里奇发明了当代
锂电池的钴酸锂正极，然而，他是怎么找到钴酸锂的，如何验证的，
又是如何最后将它应用到生产中去的，这些都需要一个国家、一个
民族慢慢去摸索。

当前，我国的电动汽车新能源产业是由政府牵头补贴，政企联
合自上而下地发展起来的。由于缺乏市场推动，电动汽车企业往往
冲着新能源补贴政策的福利敷衍造车。当下，政策红利正在慢慢褪
去，大浪淘沙，只有真正做出了能够被市场认可的电动汽车的企
业，才会获得市场丰厚的回报。

1.4　挑战

真理越辩越明。电动汽车不完美，它也不一定是解决问题的最
优解。这里，我们尝试带着批判性思维，去剖析电动汽车当前遇到
的一些问题。

首先，是底层的电池性能问题。当代电动汽车使用的锂离子电
池，相比1910年的铅酸电池，能量密度提升了接近10倍。然而，
和燃油车所使用的汽油相比，电动汽车的能量密度还是不足其1/
10。能量密度不足，自然带来行驶里程不足的问题。

其次，是充电时间的问题。当前最好的快速充电技术也需要半
小时才能充电80%，而且会带来电池寿命损耗，再提高充电效率则
会带来充电站功率过高的挑战。加油站加油只需要5分钟，如果电
动汽车无法超越这条线，那么究竟应该如何设计使用体验，使充电
时间不再是问题？

最后，是碳排放的问题。电动汽车在生命周期之中，是否实现

了比燃油车更低的碳排放？显然，如果使用高污染的火力发电，电动汽车的碳排放得不偿失。同时，电池制造伴随着大量的工业流程、矿石开采，包括广泛使用的石墨、铁、磷、钴，这会不会比石化开采带来更多的环境影响？这方面的研究已经展开，使用的是生命周期评价（Life Cycle Assessment，LCA）方法。目前的结论是具体问题具体分析，电动汽车大有可为[1]。

　　除了 LCA 方法以外，电动汽车带来的附加效应和新机会，虽然不容易量化，但不容忽视。一方面，电动汽车促进了创新，带来了大量的就业机会和产业升级。另一方面，电动汽车带来的技术升级，促进了包括电网储能（Grid Storage）在内的大量技术升级。电网储能是风能、太阳能、潮汐能等大量清洁能源目前的发展瓶颈。只有电网储能才能实现异步发电，才能把不定期产生的清洁能源储存起来，等到需要时再输出。

1.5　氢燃料电池汽车

　　燃料或能量的来源不同，会带来汽车动力系统的不同，对环境的影响也不一样。全球生产的 90% 以上的石油都用于交通运输工具，汽车的碳排放量为世界总排放量的 20%～25%。汽油和柴油作为汽车的燃料具有体积小、重量轻和能量密度高的优点。然而地球上储存的石油越来越少，目前世界上各大汽车公司都在为未来的新能源汽车进行探索和投入。与以可充电的锂电池为储能装置的电动汽车相比较，氢燃料电池汽车是以氢气为燃料，通过氢燃料电池产生电力来驱动的电动汽车。氢燃料电池的概念可以追溯到 1838 年，威尔士物理学家威廉·格罗夫（William Grove）发明了用氢气和氧气产生电流的燃料电池装置，但用它产生电力驱动汽车是最近 25 年才发展起来的技术。下面我们将简要地从几个方面阐述一下 BEV、HFCV 与 ICEV 的不同和优势。

1.6　能源对汽车与环境的影响

能源与环境在现代高速发展的社会中也许是一个最热门的话题，2017 年前后新旧两届美国总统都有截然不同的认识和政策。中国领导人和世界上其他国家的领导人（联合国政府间气候变化专门委员会，Intergovernmental Panel on Climate Change，IPCC）一道坚持共同保护和治理人类的生存环境，减少碳排放量，开发清洁、可再生能源的政策。在这里我们只是以能源的物质概念为基础，简要地介绍了不同能量的转换和利用方式给环境带来的影响。

能量从转换、传输到利用必须有物质载体。比如汽油，它是由原油精炼生产的，大约 2L 原油能提炼生产出 1.1L 汽油；汽油的主要化学成分是 C_8H_{18}（辛烷或者异辛烷）等，简单地说，汽油就是一种高能量密度的碳氢化合物，这样的化石燃料还有天然气、可燃冰和煤等。能量转换过程中的质量守恒定律告诉我们碳和氢将会变成其他化合物，但原子数量和质量不会变，也不会消失。汽油与氧气燃烧以后将产生二氧化碳（CO_2）和水（H_2O），并释放大量的热，化学反应方程如下：

$$2C_8H_{18} + 25O_2 = 16CO_2 + 18H_2O + 46.5MJ/kg \qquad (1-1)$$

这里碳和氢便是汽油的能量载体。人们可以说碳和氢是一种燃料，但是严格地说，在反应式（1-1）中，氢是能量的一种载体，碳也是能量的一种载体。氢与碳作为能量的载体比较不同的是，氢气与氧气反应释放热量以后产生的是水，碳完全氧化燃烧放出能量后产生的则是二氧化碳。自然界中多数的化石燃料都属于碳氢化合物，氢和碳都是生命必需的元素，二氧化碳是植物在新陈代谢循环过程中所必不可少的，而水更是生命之源泉。在常压下，二氧化碳几乎不会形成液态；固态二氧化碳（干冰）的温度是 $-78.5℃$。在地球表面的温度和压力下，二氧化碳几乎都是以气体的形式存在于地球的大气层、海洋和地壳表层中的，而且二氧化碳在大气中需要经过上千年的时间，在宇宙射线的作用下才会在自然中分解。数十万年以来，二氧化碳在大气中的浓度是 280 ~ 300ppm。过高浓度的二氧化碳在大气中会造成温室效应。然而对生命之源泉的水来说，大自然给了地球表面一个近乎完美的温度变化范围（地球表面平均温度为 14℃），使得水在不同地理位置和季节中可以以气态、液态和固态三个不同的相态形式存在于地球表面。在地球表面温度范围内，水蒸气在大气中不会产生显著、持续的温室效应，水以固态、液态和气态随着四季与昼夜的变换在地球表面及大气层中循环，并且给生命以源泉。但自从 1900 年以来，特别是 1980 年以后，人类过度排放的二氧化碳在大气层中不断积累，使得其在大气中的浓度快速上升，目前二氧化碳浓度已超过了 400ppm。由于过量的二氧化碳在大气中吸收了过多的太阳光能量，大气温度不断升高，现在大气的平均温度已经提高了 1.5℃（到 15.5℃）。如果不减排二氧化碳，预计到 2050 年二氧化碳排放量将升到每年 700 亿吨以上，积累在大气层中的二氧化碳将会超过 600ppm，这会使地球表面的大气层温度加快上升至少 6℃，以至于人类没有足够的时间和技术来应对全球气候的快速变迁。IPCC 的科学家计算和预测，在 2050 年以前，只有把二氧化碳在大气中的浓度控制在 450ppm 之下，地球表面的平均温度才能保持在只升高 2℃ 以内[2]，地球的大气层温度也才能继续通过大自然自身进行调控，一旦超过这条警戒线，大气层温度的变化将难以预测[3]，地球的大气层很可能将失去对温度的自然调控能力，也就将导致全球气候的快速变迁。这样，水的固态、气态和液态在地球表面的平衡循环将会面临被破坏，地球表面的大气层温度上升使得占 70% 以上地球表面积的海洋蒸发大量水蒸气到大气层中，过量的水蒸气在大气中产生的温室效应将比二氧化碳更大，这将导致一系列地球地质和生态环境的急速变迁，夏季就会出现频繁、严重的洪灾和旱灾，在南北极的冰山会不断融化，沉积在南极冰山下面数百万年的细菌微生物将释放到大气和海洋中，进一步污染人类的生存环境，海洋温度上升也会引起水体积的增加，融化的冰山将会淹没更多的大陆，从而加剧大陆板块的漂移速度，整个地球表面的温度将失去自然的控制而失去平衡。如果这样，人类和地球上的生命将会面临无法估量的损失与灾难。要将大气的二氧化碳浓度在 2050 年以前控制在 450ppm 以内，这就需要人们将现在的 350 亿吨的二氧化碳排放量降低到 150 亿吨左右，这需要人类从现在起做出巨大的努力，做出物质上的牺牲。目前，世界上约有 70 亿人口，平均每人排放大约 5 吨二氧化碳——每位地球村民都有减排责任。人们除了不断提高优质的产品生产过程中的能源使用效率外，还必须不断增加使用可再生的、洁净的能源，逐步取代化石燃料能源，从而达到减少二氧化碳排放的目的。

电能的使用和传输效率是最高的，但电能也是最不容易储存的能量。电容器通过储存电荷（自由电子）是可以储存电能的，但电容器的能量密度很小。因为同性电荷相斥，异性电荷相吸，自由电子与自由电子相互排斥，不愿意待在一起，所以储存电能大的电容器通常占的体积也大，这样降低了电容器的能量密度。电能的载体是电子或者其他正负电荷。尽管原子和分子是由正负电荷组成的，但通常情况下单一的原子和分子都处于电中性，蕴藏的电能为零，一旦被原子约束的电子与原子核分离并发生定向运动，电能就产生了。1831 年迈克尔·法拉第（Michael Faraday）认识到了在金属中存在大量的自由电子，让金属导体在磁场中运动，电子就会从金属的一端向另一端移动，从而产生电流，之后能产生电能（力）的发电机就诞生了。发电机发电并不是这里讨论的重点。发电机发电的机械能来源可以是不同的，对环境的影响也不一样。从蒸汽机到内燃机，近150 多年来人们都在使用化石燃料发电，直到近 30 年人们才发现使用化石燃料排放的二氧化碳对地球环境造成了恶劣的影响并且越来越严重。使用原子能、太阳能、水能和风能发电会大大减少二氧化碳的排放，但也难以避免其他形式的环境破坏和技术应用的局限性。

　　利用电化学原理可以产生电能，这是电池和燃料电池的基本原理，将在下面的章节中讨论。这里我们只是把电池和燃料电池做比较，大家都知道，将含有不同化学势的分子和原子放在一起时会产生化学反应，也就是说，在不同的分子和原子中的壳层电子的电势能不相同，电势能相对较高的电子有向电势能低的原子和分子移动的倾向，一旦电子得到一定的激活能，这种移动就会发生并伴随着热能量的释放，这就是化学反应——产生电荷的转移而改变化学成分和释放热量与电能，比如氢气和氧气以适当的比例燃烧并释放热量。如果用电解质（隔膜）把氧气和氢气隔离开来，氧气和氢气的电极之间产生的电势差大约是 1.2V，在隔膜一端的阳极，让氢气在催化剂的作用下进行氧化反应释放电子，并产生氢原子核即质子（H^+），而隔膜既可以让质子渗透和迁移到阴极，又能阻止电子跨越隔膜。电子通过导线连接传输到阴极端并产生电流。物理学知识告诉我们，金属中有自由电子，电子在有电势差的金属导体中的传递速度几乎是光的速度（电场的传递速度）。隔膜的另一端是阴极。阴极的电势比阳极高 1.2V，这也可以叫两极的电动势。让阴极的氧气在催化剂的作用下，吸收从阳极传导来的电子产生还原反应，把氧分子离解为两个氧离子，并与从阳极跨过隔膜扩散过来的四个质子（$4H^+$）在阴极相会，并产生两个水分子（$2H_2O$），像这样把氧化和还原两个反应分开在隔膜的两边，让电子通过导线将能量以电能的形式输出，这样一个把氢和氧之间的化学能转化为电能的装置叫作燃料电池。如果在阳极和阴极能够不断提供氢气与氧气而且将产生的水排走，燃料电池就能不断地产生电流。

锂离子电池实际上用了相似的电化学原理，锂是锂离子电池储存能量的载体，在阳极的锂或锂化合物中电子的电势能要比在阴极的锂或锂化合物中电子的电势能高 4V 左右，锂离子电池的隔膜能阻挡电子而让锂离子通过，当阳极可离解锂或锂化合物的锂离子完全转移到阴极以后，锂离子电池的能量也就释放完了。但如果提供电能给锂离子电池让电池充电，锂离子又可以从阴极再返回到阳极形成阳极的高电势能混合物，电池可以再获得电能，充电和放电循环工作。与氢燃料电池不同，我们不可能在锂离子电池的阴阳极不断地提供锂或锂化合物，因为锂化合物通常是固体，质量大，不像氢气和氧气在常温下是气体，而且锂是稀有金属，不像氢气和氧气那么丰富。说到这里，我们也可以这样说，氢燃料电池从原理上是可以被充电的，当充电的时候便能使水分别在电池的阳极和阴极产生氢气与氧气。但这一做法在实际中的效率还较低，而且产生的氢气要加压储存，远比锂离子电池充电系统要复杂得多，给氢燃料电池充电的做法目前是不可取的。由于空气中含有 21% 的氧气，氢燃料电池汽车只要带上足够的氢气并从空气中得到氧气，就能不断地工作产生电力，这样的解决方案是最便利的。锂离子电池和氢燃料电池产生的电能在电化学原理上没有本质的区别，但它们用了不同的能量载体——锂或者氢。当氢失去一个电子以后成为一个质子，在正电荷中它的质量和体积是最小的，运动起来就像短跑运动员，溜起来比兔子还快。锂失去一个电子以后形成锂离子,它还有的两个电子在原子核周围,所以锂离子的质量和半径要比质子大得多,运动起来就像大熊猫似的。这两种电池都需要正电荷(质子 H^+ 或锂离子 Li^+)从阳极跨过电解质隔膜扩散运动一段距离(10~200 微米),到阴极上去。显然质子要比锂离子迁移得快得多,这就是氢燃料电池提供电能的质量功率密度比锂离子电池要大的原因之一。除金属锂外,其他元素也可以做能量的载体,比如金属钠和镍等,只是大原子量的金属构成的电池提供电能的质量功率和能量密度比锂离子电池要小很多,通常不用来做汽车动力源电池中的能量载体。

氢燃料电池电极内部的材料主要是碳和贵金属铂(Pt),这些材料对环境的污染相对较小,锂离子电池中有大量有污染的金属化合物。目前产生电力的方式主要还是用化石燃料发电,产生电力的效率在45%左右,锂离子电动汽车最终对能源的使用效率要比内燃机汽车高20%左右,但用化石燃料发电,特别是用煤火力发电时,其对环境造成的污染和碳排放量比内燃机汽车还要大。氢气可以从天然气中提炼,也可以从其他生物质燃料中提炼,还可用电解水等方法获得更加清洁、可再生的氢气。

1.7　能量密度与汽车的续航能力

表 1-2 显示了常见燃料在理想条件下的能量密度,一辆普通家用轿车的油箱大约可以装 50L(大约 37kg),汽油的体积密度大约为 9.20kWh/L,以能量来计算,50 升汽油相当于 460kWh 的能量,这个能量能使汽车续航 500 千米左右。ICEV 的能量转换效率在 25%左右,也就是说只有 115kWh 能量用于驱动汽车,另外 75%的能量将以热量的形式被排放在空气中。BEV 的能量转换效率可以达

到95%以上，跑完500千米的距离只需要携带约120kWh的能量，但这里有个前提就是电动汽车的重量和内燃机汽车的重量相等。现在汽车锂电池单电池的能量密度大概是0.25kWh/kg，120kWh的电池组系统将会高达600kg。特斯拉2017Model S P100D（见图1-1）装有100kWh的锂电池，其重量超过500kg，续航能力接近500千米，但整个车重比普通汽车要多约500kg，每天拉着多余的约500kg所耗费的能量大大降低了能量使用效率，图1-2中展现了 ICEV、HFCV 和 BEV 轿车动力源（或燃料）系统的体积与重量的差别。

表 1-2 常见燃料的能量密度

能源或燃料	能源分类	质量能量密度（kWh/kg）	体积能量密度[①]（kWh/L）
铀 92U-235	核能	2.24×10^7	4.28×10^8
钚 94Pu-240	核能	6.22×10^5	
钍 90Th-232	核能	2.21×10^7	2.58×10^8
氚 $_1^3$H	核能	1.62×10^5	
氢气（H_2）	化学能	33.00	0.003
天然气（CH_4）	化学能	15.46	0.01
甲醇燃料（CH_3O）	化学能	5.47	4.33
酒精（C_2H_5OH）	化学能	7.33	5.81
液化气（C_3H_8）	化学能	12.89	7.22
汽油（C_8H_{18}）	化学能	12.91	9.20
煤油（$C_{12}H_{26}$）	化学能	12.78	10.39
葡萄糖（$C_6H_{12}O_6$）	化学能	4.45	
动植物脂肪	化学能	10.28	9.44
煤（$C_{240}H_{90}O_4$-N-S）	化学能	6.67	5.28
木材	化学能	4.50	0.00
氢燃料电池	电化学能	2.00	3.30
锂离子电池	电化学能	0.25	0.73
碱性电池	电化学能	0.19	0.50
镍铬蓄电池	电化学能	0.08	0.30
铅蓄电池	电化学能	0.05	0.16

注：$1kWh = 3.60MJ = 5.76 \times 10^{19} MeV$。
① 燃料在标准状态下的体积能量密度。

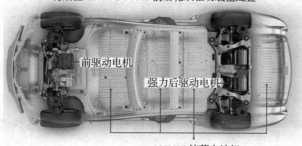

特斯拉Moldel S P100D前后轮双驱动底盘配置

前驱动电机

强力后驱动电机

100kWh储蓄电池组

a)

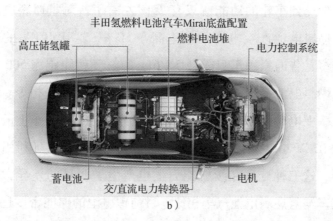

丰田氢燃料电池汽车Mirai底盘配置

高压储氢罐　　　　燃料电池堆　　　电力控制系统

蓄电池　　交/直流电力转换器　　电机

b)

图 1-1　特斯拉 Model S P100D 底盘（a）和丰田 Mirai 底盘（b）

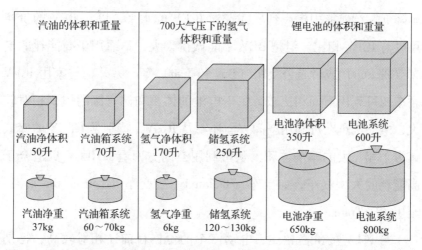

| 汽油的体积和重量 | 700大气压下的氢气体积和重量 | 锂电池的体积和重量 |

汽油净体积
50升　　汽油箱系统
70升　　氢气净体积
170升　　储氢系统
250升　　电池净体积
350升　　电池系统
600升

汽油净重
37kg　　汽油箱系统
60～70kg　　氢气净重
6kg　　储氢系统
120～130kg　　电池净重
650kg　　电池系统
800kg

图 1-2　目前有 500 千米续航能力的 ICEV、HFCV 和 BEV 轿车动力源系统的体积
　　　　与重量对比一览图

对 ICEV 来说，它是将化石燃料——汽油进行燃烧而通过内燃机转化为机械能的。从热力学定律得知，以这种方式转换能量，理想的能量转换效率极限是卡诺循环效率方程：

$$\eta = 1 - \frac{T_L}{T_H} \qquad (1\text{-}2)$$

T_L 和 T_H 分别是卡诺热机工作的低温热源和高温热源的温度，实际中的能量转换效率低于 40%，加上汽车机械传动部分的能量损耗，传递到车轮的动能就只有 25% 左右了。对氢燃料电池汽车来说，燃料电池产生电力的效率高于 60%，这比 ICEV 的效率高了一倍多，普通家用车只需带 5～6kg 的氢气就能跑完 500 千米的距离。燃料电池系统的重量大约与 ICEV 系统的重量相等。从能源使用效率上电动汽车显然比 ICEV 占优势。但 HFCV 车上的可利用空间比 ICEV 小（见图 1-2）。除了能源使用效率和可利用空间上的不同，这三种汽车在续航能力上也产生了明显的差异，特别是电动汽车与氢燃料电池汽车相比，目前锂电池的储能密度还在不断提高，有望达到 0.25kWh/kg 以上。这样就有希望将 BEV 的制造成本降低和续航能力提高到现在普通 ICEV 的水平，以让 BEV 的价格可以与 ICEV 相比。但是 BEV 不能做得太大，不适用于高能耗的卡车（Pickup）或者是公交车（Bus 和 Van）等。另外，与家用 ICEV 轿车的可利用空间相比较，由于电池的体积和储氢罐的体积相对较大，电动汽车在可利用空间方面还不及 ICEV，特别是 HFCV 的储氢罐占了相当大的车辆体积。从可利用空间方面看，HFCV 更适合于高能耗的大型汽车，如卡车（Pickup）、公交车（Van 或 Bus），甚至机车（Train）。

与 ICEV 的价格相比，电动汽车的价格目前还相对较高，特别HFCV 的价格是普通汽车的两倍以上，本书并不深入讨论价格上的差异，但由于技术的进步，在未来 10 年以内它们的价格可以达到相同水平。

从汽车的生产过程、使用花费和发展来说，ICEV 经过 100 多年的发展，已经达到了相当成熟的水平，但内燃机、变速箱以及动力传动系统等包括了 2 万多个零部件，高度复杂的机械传动装置导致能源的使用效率减小。而电动汽车大大减小了机械传动装置的复杂性，并提高了能量转换的效率，零部件数目已减少近 100 倍，这使得汽车生产过程的复杂性也大大降低。从汽车的维护和寿命来看，电动汽车不仅免去了 ICEV 的引擎和变速箱的润滑与维护费，而且电机的寿命也比燃油引擎寿命平均要长很多。从未来的自动驾驶汽车的发展看，电动汽车动力系统的简单性使其比 ICEV 容易实现汽车完全自动驾驶，这也为未来的电动汽车发展开辟了道路，选择了雏形。

1.8　电动汽车的基础设施

为了让人们便利地驾驶电动汽车，基础设施的建设将是未来电动汽车发展的关键性硬件。BEV 的充电设施依赖于输油网的普及，未来的电力系统将担负 BEV 不断增加的负载。为适应 BEV 的不断发展，用于电力系统的能源来源将面临更大的挑战。对氢燃料电池汽车来说，除了面临不断降低燃料电池系统的造价以外，还面临的一大挑战就是氢气的储存和输运问题。虽然氢气的质量能量密度很大，但它的体积能量密度很小，即使把氢气压缩到 700 个大气压，它的体积能量密度（1.30kWh/L）也只是汽油体积能量密度（9.2kWh/L）的七分之一左右。尽管燃料电池的效率比内燃机的效率高一倍，FCV 储氢罐的体积还是比汽油箱的体积大三倍多。为了减少储氢罐的体积和制造成本，增加储氢量，研究人员一直在探索基于材料的储存方法，改进储氢罐的制造技术。氢气的来源很广，但目前氢气的储运和分配还没形成网络，加氢站在大多数国家和城市并没有普及。人们还无法方便地给氢燃料电池汽车加氢气，这使得氢燃料电池汽车的普及存在很大的障碍和局限性。但是氢作为一种清洁能源，将会在未来 20~50 年逐步代替化石燃料成为汽车的主要燃料，这是大势所趋。

参考文献

［1］ Salvatore Mellino, Petrillo A, Cigolotti V, et al. A Life Cycle Assessment of Lithium Battery and Hydrogen-FC Powered Electric Bicycles: Searching for Cleaner Solutions to Urban Mobility ［J］. International Journal of Hydrogen Energy, 2017, 42(3): 1830-1840.

［2］ Bernstein L, Bosch P, Canziani O, et al. Climate Change 2007: Synthesis Report ［M］//Climate Change 2007: Synthesis Report. Cambridge: IPCC Summary for Policymakers, 2007.

［3］ International Energy Agency. World Energy Outlook 2016 ［J］. SourceOECD Energy, 2016 (15): 19-23.

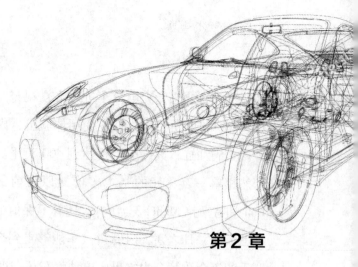

第 2 章

汽车充电电池概述

电动汽车相比内燃机汽车，具有安静、转化效率高，且能量来源多样等优点。传统的车载铅酸（Lead Acid）电池，作为汽车启动和基本车内元器件供电单元，已经存在多年。虽然其化学反应安全（产物是水），工况温度区间大，功率密度大，但是能量密度只有大约 0.04kWh/kg，无法在电动汽车领域担当主要储能单元。而锂离子电池有着 0.25kWh/kg 的高能量密度，已经可以实现单次充电后接近 500 千米（约 310 英里[⊖]）的续航里程（Chevy Bolt），这已经是大多数人日常生活中一天行车的极限里程。只要能够找到充电桩，利用当晚的休息时间便可让电池充满电。因此，锂离子充电电池是当前电动汽车动力电池的最佳选择。

———————————

⊖　1 英里 = 1.609 千米。

然而，要想让充电汽车进入大众视野，电动汽车的对手是内燃机汽车。排除价格因素，在使用体验上，内燃机汽车能够做到 5 分钟内充满油缸，其续航里程达到 400 英里。此外，两者的差距便是依然相差一万美元的基本售价（以目前最接近大众市场的 Chevy Bolt 和特斯拉 Model 3 为例），还有不保值的二手买卖市场价格。冰冻三尺非一日之寒，内燃机汽车能够走到今天，是百年历史和政企联手的资金政策合力之果。电动汽车还有很长的路要走。

本章将从电池的内部材料、结构、安全、应用等角度出发，给读者一个简明扼要的对电动汽车动力电池的基本了解。作者希望能够达到两个目标：一是让读者对专有名词的中英文都有了解，方便其进一步的学习和与国际同行进行交流；二是让读者对新闻中和业内出现的电池领域的新鲜事物能够有一个基本的科学判断，知道一个好的电池至少应该满足怎样的条件。为此，在介绍一些电池材料结构的特点的同时，作者会尽量给出该领域的发展方向。

让我们开始吧。

2.1　电化学原理

电压、电势、电势能、阴阳极，这些概念你可能在高中物理课上学到过，但已经不太熟悉。关于半反应的概念，你可能在本科化学课上用试管做过标准氢电极实验。然而，面对一个叫作电池的商品，这些概念是怎么实现的呢？

任何一本化学教材都早已详尽地解释这些概念，这里，为避免堆叠公式，让我们换一种亲切的表达：比喻。

以水作为比喻

势，态势，汉语中表示情况、样子。势能，便是当下情况对应的能量。水库的势能，可以用水位来度量，水位越高，重力势能越大。电池的势能，可以用电压来度量，电压越高，电势能越大。

水库里的水被水泵抽到高处，水泵消耗能量，能量转化为水的重力势能储存在水库里，这是储能过程，类似充电。水坝开闸放水，重力势能转化为电能，点亮千家万户，这是释能过程，类似放电。电池与此类同：输入能量，提高电势能；输出能量，降低电势能。

关于水位，需要进一步思考。水库的水位是相对河床底部的水位，还是相对海平面的海拔高度？什么样的水位最能够描述一个水库究竟能放多少电呢？显然，它是指水坝两边的水位之差，参考图 2-1，水位差最能描述水能放多少电。水位的势能之差，是水压。电池的电极的电势能之差，是电压。

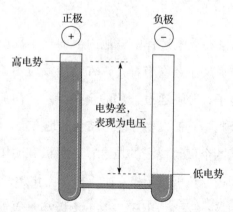

图 2-1　以两个连通的试管中的水来比喻锂电池势能

水位有海拔，取标准的海平面作为基准，就可以测量全球任何一个水域的海拔。这样，想要知道两个水域连通起来的水位之差，只需要求两个水域海拔高度的差值,就可以知道水压。每一个电极可以选取一个基准,然后把它的"海拔"找出来。这样,两个电极配成一对,对它们的"海拔"求差,就可以知道电压。这个"海拔"就是标准电压(Standard Potential),这个基准就是标准氢电极。然而,标准氢电极需要水作为电解质,而锂电池不能用水,所以我们选用锂金属作为反应基准。

$$Li^+ + e^- = Li \qquad\qquad (2-1)$$

所以,当你看很多锂电池电极的标定电势的时候,会发现常有 vs. Li/Li^+ 的字样,这表示使用了上述反应作为基准。另外,电势和电压在文献资料中常常混用,请读者注意。

比喻到此为止。水的势能变化只涉及水分子的高度变化。单种分子仅有物理过程,变化可见。而电池的电化学过程涉及阴阳两种离子、物理扩散和得失电子两套过程,还标配了让人头疼的副反应,以及基本上肉眼不可见的过程。(有些反应完全是可见的,比如,石墨电极在充电过程中会由黑色变成红色,最后变成金色。[1])

图 2-2 展示了在放电过程中电池内部的化学反应流程。图中的正负极电解液在后文中还会有详述。在这个反应中,带正电的锂离子和带负电的电子,分别通过外部的金属导线和内部的电解液进行传导,而正负极则是它们发生分离与结合的地方。

这里请注意两个极易混淆的概念:正负极和阴阳极。在放电过程中,正极是阴极,负极是阳极。阴阳极是电化学概念。得到电子,电荷变负,为阴极;反之为阳极。但正负极却是电池的概念。放电时,电流从正极流向负极(见图 2-3)。为了避免混淆,本章都以正负极进行区分。

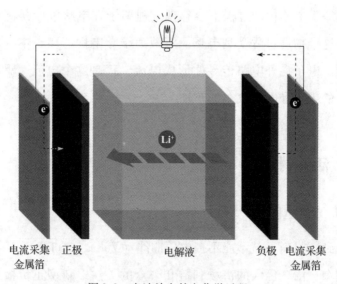

图 2-2　电池放电的电化学过程

注：电流采集金属箔、正负极和电解液都是直接接触的，这里为了描述方便将其分开。

图 2-3　阴阳极和正负极示意图

让我们从几个不同的角度进一步理解这个过程：锂是一种能量载体，在锂电池两极的锂或锂化合物经历失去或得到电子，同时产生锂离子。这种得失电子伴随着化学能与电能的转化反应是一种电化学反应。放电对应一个无须外力就可以自然发生的过程，类似于水从高处往低处流。这样的自然过程，从微观角度看，负极很容易失去锂离子，正极很容易得到锂离子，中间又有电解液通路，锂离子自然会流向正极；从宏观角度看，锂离子进入正极，对应了更低的系统势能；从可测量的电压来看，在放电过程中，电压必定降低。

图 2-2 中的物理过程不容忽视。锂离子在电解液中是离子扩散过程。这个物理过程受到电场、溶液离子导电性、离子本身的活性的影响。电子在外电路传导便形成电流，正是这个电流，驱动了你我手中的手机和电动汽车的车轴。

2.2 活性材料

2.2.1 电压曲线

说到新材料，就不能不提电压曲线（Voltage Profile）。

如今，由于巨大的市场利益和公众的关注，新型正负极材料的报道层出不穷。纳米、石墨烯、碳纳米管等目不暇接。然而，万变不离其宗，面对一个新材料，我们最关心的就是图 2-4 中所展示的：半电池充放电电压曲线。

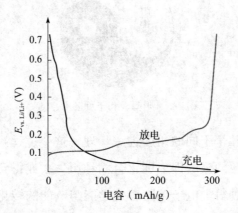

图 2-4　石墨电极的半电池充放电电压曲线（Voltage Profile）
注：这是判断一个新的电极材料是否优秀最重要的参考数据之一。

所谓半电池（Half Cell），不是指半个电池，而是把实际的锂电池中的一个电极拿出来，和锂金属配对做成一个电池。所以，半电池是一个完整的电池，只不过由于配对了电势非常稳定的锂金属，能够对我们感兴趣的电极材料进行表征。因此，半电池就是一个测试平台。在实验室中，半电池常常使用纽扣电池（Coin Cell）进行组装，好处是材料使用量少，测试结果也能够广泛地被同行认可。

那么，这个充放电电压曲线又是怎么来的呢？我们需要从中得到什么有用的信息呢？电压曲线是在控制电流的情况下，测试时间和电压（t，U）得到的曲线。以图 2-4 中展示的石墨充放电电压曲线为例，我们可以从中提取到以下重要的有用信息。

（1）该石墨材料的电容大约为 300mAh/g。这个数值是充电曲线的电压接近 0V 时对应的电容。为什么是 0V 而不是 0.5V？因为这里的 0V，就是锂金属自身氧化还原的反应电压。即使继续给电池充电，石墨也将不再继续充电，电流将导致锂金属沉积，从而生成枝晶，造成短路甚至起火的灾难性后果，这是负极的情况。在正极，为了安全起见，常常将 4.2V 作为电压上限。

（2）石墨的放电电压大约在 0.2V，而且在全电容区间内都比较稳定，放电曲线说明了这一点。电压、稳定性，缺一不可。近期的明星材料石墨烯，如果单独作为负极材料进行半电池测试，则会有不错的电容，也会有 0.3V 左右的电压，但是电压非常不稳定，在电容区间内会不停地升高，导致做出来的全电池（Full Cell，相对于 Half Cell）能量输出下降得很快。而近期很火的金属氧化物（Metal Oxide）负极，电压很稳，可惜都在 1.5V 甚至更高，会导致全电池只能稳稳地输出很低的功率，没有实用意义。

总结一下，就是电压曲线看电压、电压稳定性和电容。

因此，下次再有人告诉你，他发明了一个很厉害的电极材料，你需要问的第一个问题就是："能给我看看你的电压曲线吗？"

2.2.2 正负极材料

电池中，具有电化学活性的部件只有两个：正极和负极，具体地说，就是正负极之中的活性材料。在实际应用中所谓的正负极，还往往包括了高分子黏结剂、导电碳和底部的金属电流采集箔（Current Collector）。

说到正负极材料，我们可以稍微回顾一下，看看当下还有哪些其他的可充电电池，因为大多数电池分类都是按照正负极材料来进行的。从表 2-1 中可以看到，除锂电池之外，可充电电池还有很多选择。铅酸电池更是因其高功率和稳定性依然在传统汽车中发挥着点火与备用电源的作用。但是，对于电动汽车来说，当下最大的挑战依然是行驶里程，所以锂电池才成为当前的选择。即使如此，锂电池的安全性也是经过了多年打磨，才被应用在电动汽车上。毕竟，手机电池发生故障甚至起火还可以一扔了事，而汽车电池故障就是抛锚、起火，就是人命，所以它需要大量的实验和消费级电子产品的验证，才能实现应用。

表 2-1 当前最主要的可充电电池系统参数

电池化学原理	单位能量密度（Wh/kg）	充放电循环寿命[①]	价格（$/kWh）
Pb-acid 铅酸	35 ~ 50	1000 +	100 ~ 150
NiCd 镍镉	50 ~ 80	800 ~ 2000	200 ~ 300
NiMH 镍氢	75 ~ 120	1500 +	300 +
Li-ion 锂离子	100 ~ 200 +	1000 ~ 3000 +	100 ~ 300

① 寿命降低为初始容量的 80% 时的数据。

当前，锂电池负极的选择不多，商业应用的只有石墨和钛酸锂（Li_2TiO_3，LTO）。石墨是应用最广的负极，价格便宜，循环寿命长（> 1000 次充放电），电势低且稳定（0.2V，几乎在整个放电过程中不变），但是其 375mAh/g 的电容量不够理想。钛酸锂的电学性能比不上石墨，但是其零应变（Zero Strain）特性使其在超快速充电中能够保持稳定，从而在需要快速充电的场合中有其独特的应用。

下一代负极的发展方向，目前主要是以硅材料为基础的添加改性。特斯拉和 LG 化学都在这方面进行了大量投入，并且有了投产。硅材料的优点在于接近 4000mAh/g 的超大电容量和 0.4V 的 vs. Li/Li$^+$ 且比较稳定的低压。缺点是晶体体积在锂化过程中的变化达到 300%，会导致去锂化过程中颗粒崩裂失活，从而导致在多次充放电循环中电容量严重下降，制约使用寿命。短期的解决方法是通过添加改性的办法，直接把硅或者硅化合物添加到石墨负极中，目标甚至可能不是提高电容量，而是极大地减小负极的体积，从而增加电芯的能量密度与总体体积之比。长期的解决方法是使用微米或者纳米颗粒，通过减小颗粒尺度的方法来避免崩裂，从而维持活性。该方法的难度在于成本控制，纳米制备工艺常采用的化学和物理气相沉积都与工业中的卷对卷（Roll to Roll）方法不兼容，或者沉积速率过低，暂时无法降低成本。

锂电池的正极当前主要有磷酸铁锂（LFP）、钴酸锂（LCO）、锰酸锂（LMO）、镍钴铝（NCA）和镍钴锰三元（NMC）等几种。从元素上来说，钴能够极大地增加性能，但是供应量有限（刚果控制了全球一半以上的钴生产），减少用钴是行业趋势。磷酸铁锂有着比较好的安全性，但是能量密度比不上三元材料，故常用在对能量密度要求不那么高的电动大巴上。当前，电动汽车的主要问题在于续航能力，因此三元材料以其最高的能量密度，成为电动汽车的主流正极材料（见图 2-5）。

正极的发展趋势很多，富镍 NCM 或者 NCA 是目前讨论的热点。这两种材料的好处是：①基于已经有的材料进行改性，可以直接利用现成的制备流水线；②更高的理论电容量密度。然而，世上没有免费的午餐，富镍导致了正极晶体结构的不稳定，从而使其在充放电循环中容量降低得很快。另一个发展方向是提高正极的工作电压。目前普遍采用的全电池标准电压是 3.0 ~ 4.2V，而实际上正极的理论电容量可以到达 4.7V 甚至更高，但是这也就意味着电解液的不稳定。在这方面，加拿大的杰夫·达恩（Jeff Dahn）报道了氧化铝作为正极的表面涂层的正面作用。[2]

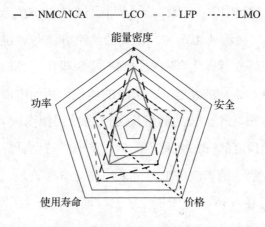

图 2-5　常见的正极材料的性能对比

2.2.3　电解液

在电解液方面，由于电极活性材料的电化学半反应电压远高于水的 1.23V，所以只能使用在更广的电压范围内稳定的有机电解质。除此之外，电解质需要有低熔点、高沸点、高化学和电化学稳定性，还要有高离子导电性。当前最主流的电解质都是以有机碳酸盐（Organic Carbonate）为基础的六氟磷酸锂（Lithium Hexafluorophosphate，$LiPF_6$）盐溶液。常用的有机碳酸盐如表 2-2 所示。

表2-2 锂电池电解质溶剂的常用物理化学属性

溶剂	英文及缩写	沸点（℃）	熔点（℃）	闪点（℃）	密度（g/cm³）	黏度（mPa·s, 25℃）
碳酸乙烯酯	Ethylene Carbonate，EC	243	36	143	1.32	480[①]/1.9 (40℃)
碳酸二乙酯	Diethyl Carbonate，DEC	127	-74	25	0.97	0.75
碳酸丙烯酯	Propylene Carbonate，PC	242	-49	138	1.2	2.5
碳酸二甲酯	Dimethyl Carbonate，DMC	90	5	17	1.06	0.59
碳酸甲乙酯	Ethyl Methyl Carbonate，EMC	108	-53	23	1.01	0.65

注：参数是在溶剂中存在1mol/L的锂离子的情况下的结果。
① EC在常温25℃时是固体，液态的黏度需要在高于熔点36℃的温度下（这里选取40℃）进行测量。

由于单一的有机碳酸盐无法同时满足以下三个条件：①低黏度；②高离子导电性；③全工况温度区间都为液态。因此，实际的商用锂电池的电解液往往采用两三种溶剂混合，EC提供较高的离子导电性，链式碳酸盐（DEC、DMC、EMC）则用于降低黏度，确保电解液能够充分浸润正负极之间的隔膜，保证离子导电通路。常见的搭配有 EC:DMC:DEC = 1:1:1，EC:DEC = 3:7，溶解1mol/L的 $LiPF_6$ 等。

电解液的发展方向是提高温度和电压稳定性。电解质在电势（相对Li/Li+半反应）高于4.5V以后，普遍开始变得不稳定。溶剂的闪点温度（遇见明火可以燃烧的温度）也大多在很容易达到的约100℃，甚至是常温，所以在车辆碰撞事件中，一旦出现电解液泄漏，就很容易导致严重的燃烧事件（即热失控，Thermal Runaway）。为了达到更好的安全性，下一代电解液的研究方向，一是添加剂，二是固态电解质（Solid State Electrolyte），三是离子导体。

2.2.4 惰性材料

惰性材料（Inactive Materials）是电池中不参与电化学反应，但是起到结构支撑作用的材料，主要包括黏合剂（Binder）、隔膜、导电碳（Conductive Carbon）和金属箔（Metal Current Collector）。

黏合剂是高分子，用于把活性材料粉末固定在一起形成涂层。PVDF用于正极，CMC/SBR用于负极。导电碳用于增加电极的导电性，从而增加电极厚度。在理想的电极中，黏合剂和导电碳的重量比都在5%左右甚至更低，从而尽量增加单位体积的活性材料质量。

隔膜常用聚丙烯（Polypropylene，PP）或者聚乙烯（Polyethylene，PE）这两种常见的塑料高分子材料作为原料制成。隔膜要求厚度低、多孔，且不参与任何化学反应。PP和PE都可以做到在大约25微米的厚度的同时还能保持力学强度和多孔。隔膜的下一个发展方向是耐高温，所以出现了很多具有陶瓷涂层的隔膜。

金属箔作为电极的电流采集部件，要求高导电性，能够承受机械化生产的力学强度，和在有机电解液中的化学稳定性。在目前有机碳酸盐0～4.3V的电势区间中，正极铝箔和负极铜箔是常见的选择。

2.3　结构和形态

2.3.1　电芯、模组和电池

讨论到这里，我们需要正本清源，从电动汽车工程师的角度重新定义一下几个常用的概念（见图2-6）。

（1）电芯（Cell）：是实现能源储存的最小部件单元，内部有电化学反应的正负极、电解质等组件。这是普通消费者普遍认知中的"电池"。

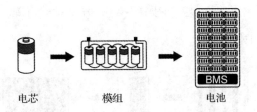

电芯　　　　　模组　　　　　电池

图 2-6　电动汽车工程师眼中关于电池的定义

（2）模组（Module）：由几个电芯并联或者串联组成，方便进行电池管控和提高输出电流、电压。

（3）电池/电池组（Battery/Battery Pack）：电动汽车中能源储存和输出、输入的整体单元，包括大量模组和电池管理系统（Battery Management System，BMS）。

（4）电池管理系统：对电池的输入、输出进行总体管理。检测电池的健康状况，汇报总体剩余电量，控制温度和保证安全功率。

本章主要讨论电芯。为了叙述直观、方便，本章对于电池和电芯没有刻意区分。

2.3.2　内部结构

有了化学反应原理和需要的原材料，接下来就是解决如何把它们拼装在一起实现最大的效能和最小的成本，同时兼顾安全的问题。上文的图 2-2 中已经展示了相关组件，图 2-7 是它们的堆叠方式。

使用这种堆叠方式，其背后自然有经济成本的考虑，也适应了卷到卷的大规模工业生产。所谓卷到卷，就是类似于卫生纸卷筒一样，在一条流水线上完成某种生产流程，初始状态是一个卷筒，完成的状态依然是一个卷筒。这样，不同的生产线之间，就可以以卷筒作为转载物进行传递。在图 2-7 中，铝箔、铜箔和隔膜都是以卷筒的形态输入生产线的。正负极通过机械涂抹在金属箔上，又被卷

起来，最后压片进行组装。图中平铺的方式适合于软包电池，卷铺
的方式适合于圆柱电池。

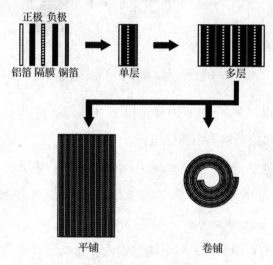

图 2-7　电池内部的正负极组件及其拼装方式

2.3.3　形态

在形态方面，当前最主流的三种动力电池形态，即圆柱电池
（Cylindrical Cell）、方形电池（Prismatic Cell）和软包电池（Pouch
Cell），如图 2-8 所示。

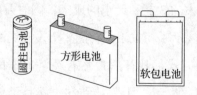

图 2-8　三种常见的动力电池形态

1. 圆柱电池

圆柱电池是最早实现大规模生产的电池形态，制备工艺成熟稳
定。金属圆柱能够支撑很大的内部应力，力学安全性高，在内部发

生全电容量区间充放电的情况下，形变几乎为零（软包电池和方形电池都有毫米级的形变）。圆柱电池还有很好的通用性，既可用作电动汽车的动力电池，又能够用于移动设备（比如笔记本电脑）、家庭便携式备用电源，甚至移动储能基站。多方面的应用可以增大需求，从而降低边际成本。然而，圆柱电池的缺点是总体空间利用率低于方形电池和软包电池，且重量较大。

值得一提的是，虽然圆柱电池的组装密度（Packing Density）低于方形电池和软包电池，但其可实现的体积能量密度却比方形电池和软包电池要高，从而弥补了自身的缺点。而且，圆柱之间的孔隙可以用于散热和安装控制线路，进一步提高了电池组层级的体积使用效率。

在电动汽车领域，圆柱电池的规格长期以来几乎是统一的18650，也就是 18mm 的直径，65mm 的长度，0 表示圆柱。特斯拉最近还和松下（Panasonic）合作推出了 21700 电池，21mm 作为直径，70mm 作为长度。作为全世界领先的电动汽车和动力电池厂商，21700 是它们根据当前的生产工艺、原材料成本和最终价格多方考量优化得到的结果，是在 18650 基础上的一个进步。21700 的内部可用体积有 97cm^3，在当前工艺下可到达 6000mAh 的电容量。

2017 年 6 月，有报道的商用电池 18650 最高的能量密度来自松下的 NCA 电池，电容量为 3400mAh。

2. 方形电池

方形电池是电动汽车中常用的电池种类。2012 年的福特蒙迪欧混动就曾使用松下的方形电池来配置镍氢电池。方形电池的内部正负极既有平铺，也有卷铺（见图 2-7），取决于具体厂商。顶部一般有排气阀，类似于高压锅的排气阀，用于在电池内部发生不可控化学反应的时候排气解压，避免发生爆炸。

3. 软包电池

软包电池在 1995 年被发明出来以后，就以其超高的有效体积（90%～95%，远高于方形电池和圆柱电池）获得了关注。虽然软包电池的强度不高，但是通过对其支撑组件的优化，它也能够在电池组的层级上实现足够的安全性。软包电池的包，实际上是一个多层三明治结构。外面包裹了高分子的惰性表层，进行机械保护；中间是金属铝箔，保证气密性和结构强度；内部是另一层高分子，进行化学保护。

软包电池没有一个统一的尺寸，均是各厂家针对产品需要进行定制的。其形态的一个发展方向，是通过增加单个电芯的电容量，减小包装材料在整个电池组中的体积比。已经有达到 60Ah 的单个软包电芯，但是，过大的单体电芯会导致安全控制过于困难。单个电芯出现问题就很可能导致整个电池组控制失败，所以也不能一味地追求更大的电芯电容量来减低包装材料的体积比。

软包电池在电池内部反应产生气体的情况下会明显地鼓起，原因往往来自过充过放导致的电解液分解。在这种情况下，虽然软包材料的结构强度还能保证安全，但是这对于寸土寸金的汽车内部空间可谓灾难。所以，电池管理系统（BMS）更要注意保证软包电池的安全状态。

2.4　整车驱动

至此，我们已经讨论了电池的电化学原理、组建和如何组装成电芯。接下来，就是用电池来驱动整车了。在这个部分我们将从整车的角度，去分析电池的影响。

2.4.1　Ragone 图

　　Ragone 图是分析电池发展趋势常用的一个图。这个图以比能
（Specific Energy）作为横轴，比功率（Specific Power）作为纵轴，
然后通过理论计算的方法估计一个粗略的范围，就可以用不同区域
绘制出不同种类电池的性能区间。图 2-9 就是这样的一张 Ragone
图。在这张图中，可以看到锂离子电池在能量和功率上都超越其他
种类的充电电池。

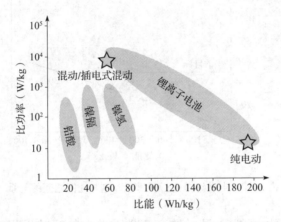

图 2-9　用 Ragone 图来表达各类动力电池和电动汽车的动力要求

　　此图中还定量标注了电动汽车的电池要求。在只用锂离子电池
提供电能的情况下，纯电动汽车追求能量，因为更高的能量对应更
远的行驶里程，而混合动力汽车及插电式混合动力汽车则更追求功
率，因为更大的功率对应的是更快的能量输入、输出，对于已经有
一个油缸保证行驶里程的混合动力汽车来说，这意味着更好的驾驶
性能。

　　不过，这并不意味着纯电动汽车的功率就低。图 2-9 展示的是
单位重量的比功率。由于纯电动汽车的总装机容量往往要比混合动

力汽车大很多，所以最后的瞬时输入功率也会很大。最近就有报道称，2017 特斯拉 Model S P100D 创造了从 0 到 60mph 的世界纪录：2.28 秒!

2.4.2　行驶里程

当下，业界的驱动效率为 3Miles/kWh，车载电池重量为 300 ~ 600kg。以此为依据，可以计算出电芯比能和行驶里程的关系（见图 2-10）。

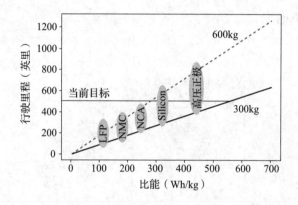

图 2-10　电动汽车的行驶里程和电芯比能之间的关系

可以看到，500 英里（约合 800 千米）的行驶里程的目标已经触手可及。一个具体的例子是特斯拉 Model S，其 544kg 的电池组重量，采用松下 18650 圆柱 NCA 电池，耗费 60kWh 的行驶里程为 200 英里。需要注意的是，图 2-10 中的横坐标是电芯比能，具体到电池组会稍有降低。如何减少配重，增加电芯在电池组中的重量比，是一个需要大量优化改进的工程学问题。

那么电池的使用效果如何呢？表 2-3 罗列了 2016 年销量最佳的几款纯电动汽车或者插电式混合动力汽车的电池组情况。可以看到，特斯拉的销量领先，也是唯一使用圆柱电池的公司。底特律一系的福特等都使用软包电池，供应商来自 LG 化学，在密歇根已经建厂，其主要任务就是生产软包电池供应底特律。

表 2-3　2017 年主流的电动汽车的主要数据

车型	动力	2016 年销量(辆)	能量(kWh)	电压（V）	电池形貌	行驶里程（电）/（油电）（英里）①
特斯拉 Model S	EV	30 200	85	366	18650	200
雪佛兰 Bolt	EV		60	350	软包	238
雪佛兰 Volt	PHEV	24 739	18	300	软包	53/420
福特 Fusion Energi	PHEV	15 938	7.6	300	软包	22/610
尼桑 Leaf	EV	14 006	30	360	软包	100
宝马 i3 hybrid	PHEV	7 625	33	353	方形	114/180
福特 C-MAX Energi	PHEV	7 607	7.6	300	软包	21/620
法拉第未来（宣称）	EV		130			378

① 单个数字表示纯电的行驶里程，双数字分别表示纯电和油电里程。

思考题 ⚙

1. 在一个电动汽车工程师的眼中，电芯、模组和电池组的区别与联系是什么？

2. 电池的电化学原理是怎样的？如何区分正负极和阴阳极？

3. 如果有一个研究院宣称发明了一种新型的电极材料，你最先希望看到的性能表征是什么？

4. 作为一种完全没有电化学活性且不作为基本正负极反应载体的部件，为什么电池中一定要使用隔膜？

5. 一辆装载了 400kg 电池组的电动汽车，如果使用含有硅材料的电芯，大约可以实现多少英里的行驶里程？

6. 如果不考虑充电桩的因素，一辆纯电动汽车，要如何在市场上和一辆标准燃油车进行竞争？

参考文献 ⚙

［1］ Qi Y, Harris S J. In Situ Observation of Strains during Lithiation of a Graphite Electrode ［J］. Journal of the Electrochemical Society, 2010, 157(6): 741-747.

［2］ F Lambert. Tesla Battery Researcher Unveils New Chemistry to Increase Lifecycle at High Voltage［OL］. ［2017-04-05］. https://electrek. co/2017/05/04/tesla- battery- researcher- chemistry- lifcycle/.

［3］ Mellino S, Petrillo A, Cigolotti V, et al. A Life Cycle Assessment of Lithium Battery and Hydrogen-FC Powered Electric Bicycles: Searching for Cleaner Solutions to Urban Mobility ［J］. International Journal of Hydrogen Energy, 2017, 42(3): 1830-1840.

［4］ Bard A J, Faulkner L R, Leddy J, et al. Electrochemical Methods: Fundamentals and Applications［M］. 2nd Ed. New York: John Wiley & Sons, 2000.

［5］ Dahn J, Ehrlich G M, Reddy T B. Linden's Handbook of Batteries［M］. New York: McGraw- Hill, 2010.

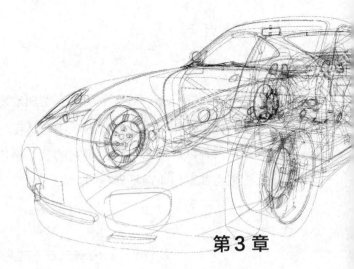

第3章

汽车动力驱动电机基础

电机是电发明以后在工程技术领域带来最大变化的设备。作为电－力转换装置，电机的出现改变了我们的生活，也极大地扩充了电的用途。电机的发明已经有很悠久的历史。1821年法拉第发明了第一台电机，经过近200年的发展，尤其是微电子和功率半导体器件的发展拓宽了电机的应用范围，而且电机的工作效率也得到了提高。图3-1是主要电机类型的分类，当然电机的分类方法和标准并不唯一，不同的标准会有不同的分类。

电机已经广泛应用在人们的日常生活、工业生产以及军事等各种用途中。在环境污染和能源短缺的压力下，电动汽车以环境污染低和可持续的特点越来越受到重视。驱动电机系统是电动汽车的核心部件之一，高密度、高效率、宽调速的驱动电机系统已成为当前电动汽车领域的研究热点。对于电动汽车的驱动电机来说，目前应用的主要是感应电机和永磁电机，因此本章从电机的基本原理开始，主要介绍这两种以及近几年广泛研究的开关磁阻电机，但是对于大多数电机来说其工作原理是类似的。

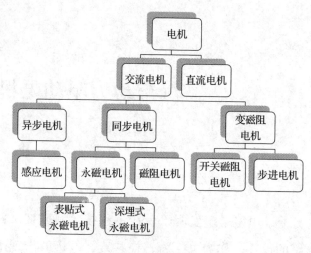

图 3-1   电机的分类

3.1   电磁场与磁性材料

电机是把电能转换成机械能的能量转换设备。在电能到机械能的转换过程中，起关键作用的是磁场。磁场可以由电流产生，也可以由永磁体产生。磁性材料包括永磁材料和软磁材料，是电机实现能量转换的关键部件。一方面，硅钢等软磁材料可以在较低的励磁电流下得到较大的磁通密度，从而提高能量密度，而高性能永磁材料可以在不施加励磁电流的情况下得到稳定的磁场，有利于实现更高的电机效率；另一方面，磁性材料的应用可以限制和规范磁通流经的路径，利用这一特性，可以通过适当的设计来优化电机特性，尤其是扭矩。接下来的小节分别讨论电磁场和磁性材料。

3.1.1　磁场的产生与电磁感应

电流产生磁场，即电励磁的基本定律——安培定律，又称安培环路定理。载流导线会产生磁场，而载流导线所载有的电流与磁场沿着闭合回路的路径积分之间的关系为：

$$\int \boldsymbol{H} \mathrm{d}l = \sum i \tag{3-1}$$

其中，$\boldsymbol{H}$ 是由回路所包围的净电流 $\sum i$ 所产生的磁场强度，$\mathrm{d}l$ 是沿着积分路径的微分元。在国际单位制中磁场强度 $\boldsymbol{H}$ 的单位是安培每米（A/m）。电流方向和其产生的磁场方向之间的关系服从右手定则（见图 3-2）。

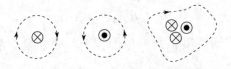

图 3-2　电流流向与其产生的磁场的关系

注：从左至右电流方向分别为垂直纸面向内、垂直纸面向外以及两种组元的混合，但总的效应是垂直纸面向内的。

对电机的应用来说，电励磁主要是电流环绕铁芯的情形，在这种情况下铁磁材料的独特物理性质会给电机及其他磁性器件的设计带来极大的便利。

在图 3-3 所示的结构中，导线绕在磁性铁芯（如硅钢等）的一侧，电流从左上方流入，从左下方导线内流出。不

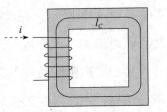

图 3-3　铁芯二维示意图（电流从左上方流入）

同于在空气中或者真空中的情形，由于这些铁芯具有较高的磁导率，类似于电流在导线中流动但不会穿过导线表面而流入空气中一样，图 3-3 中电流产生的磁场会主要局限在铁芯中。这样在计算铁

芯中的磁场时，安培定律中的积分路径就是铁芯的平均长度 l_c，假定电流线圈的匝数是 N，则积分路径内的净电流就是 Ni，所以：

$$Hl_c = Ni \tag{3-2}$$

这里 H 是磁场强度矢量的大小或者模。在铁芯中由线圈中的电流激发的磁场的大小如下：

$$H = \frac{Ni}{l_c} \tag{3-3}$$

磁场强度可以被认为是外界为激励磁场所做的努力，而 Ni 又被定义为磁动势，通常用 $\mathcal{F}$ 代表，类似于电场中的电动势或者电压。磁场的施加会在铁芯中产生磁通，磁通密度 **B** 依赖于磁场强度以及铁芯的磁性特征，它们之间的关系可以描述为：

$$\boldsymbol{B} = \mu_r\mu_0 H = \mu H \tag{3-4}$$

这里 B 是磁通密度，是单位面积上的磁通量，单位是韦伯每平方米（Wb/m^2）。μ_0 称为真空磁导率，是个常数，$4\pi \times 10^{-7} \text{T} \cdot \text{m/A}$，而 μ_r 为相对磁导率，依赖于介质，在空气或者真空中为 1，而对于电机中常用的电工钢，根据工况的不同，其数值可以很大，在 2000~80 000 之间。相对磁导率的大小反映出磁性材料对于外磁场的响应，而这种比较高的相对磁导率的好处是显而易见的。从上述公式中可以看出，相比于在空气中，在相同磁场下的铁磁性材料或介质中产生的磁通密度高几千甚至上万倍。所以在电机、变压器以及别的磁性器件中，磁性铁芯是一个重要部件，它可以提高和汇聚磁通。

穿过一个表面（比如图 3-3 中的铁芯截面）的磁通总量，称为磁通量，是磁通密度对截面积的积分：

$$\Phi = \int \boldsymbol{B} \mathrm{d}S \tag{3-5}$$

磁通量就像导体中的总电流，而磁通密度对应电流密度。对电机电磁场的分析，另外一个重要的物理量是磁链 λ。它是导电线圈或者导电回路所链环的磁通量，等于导电线圈匝数和通过每匝线圈平均磁通量的乘积：

$$\lambda = N\Phi \tag{3-6}$$

电流除了能产生磁场之外，根据法拉第电磁感应定律（Faraday's Law of Induction），当通过一个线圈的磁通发生变化时，线圈中将会产生感应电动势。感应电动势的大小取决于磁通随时间的变化速率：

$$\varepsilon_{\text{ind}} = -\frac{\mathrm{d}\Phi}{\mathrm{d}t} \tag{3-7}$$

注意，感应电动势和磁通变化率的关系式中的负号，是因为感应电动势的产生会阻止磁通的变化。确定感应电动势方向的物理定律称为楞次定律。如果线圈总匝数是 N，则有：

$$\varepsilon_{\text{ind}} = -N\frac{\mathrm{d}\Phi}{\mathrm{d}t} = \frac{\mathrm{d}\lambda}{\mathrm{d}t} \tag{3-8}$$

法拉第定律是变压器运行的基本定律，同时也是分析电机性能的重要定律。相邻两个线圈，当其中一个线圈中的电流发生变化时，引起周围磁场的变化，其邻近线圈中会产生感应电动势，称为互感。在同一线圈内部，当电流发生变化时会产生感应电动势，以阻碍导体中电流的变化，称为自感。在电机中，感应电动势分为两种，一种是导体在磁场中运动，或者导体和磁场有相对运动时所产生的电动势，称为动生电动势；而另外一种是由于交流电流的变化引起的磁通量的变化，称为感生电动势。

3.1.2　磁路

磁路是在设计与分析磁性器件时的一个十分有用的工具。通过和电路类比，磁路及其相关概念和分析方法的引入会更加容易理解。在上节的讨论中，我们已经提到磁动势类似于电路中的电动势、电压，而磁通等同于电路中的电流，磁通密度等同于电流密度。在电路中的常用关系式为：

$$U = IR \text{ 或 } I = \frac{U}{R} \tag{3-9}$$

其中，U 是电压，I 是电流，R 是电阻。在我们已经讨论过的物理量中，尚有电阻未有对应量。

如果图 3-3 中的磁通分布是均匀的，则有：

$$\Phi = BS = \frac{\mu_r \mu_0 NiS}{l_c} = \frac{\mu SNi}{l_c} \tag{3-10}$$

从而

$$\Phi = \frac{Ni}{\dfrac{l_c}{\mu S}} \tag{3-11}$$

对比电压电流关系式，不难看出，与电阻对应的是 $\dfrac{l_c}{\mu S}$，即磁阻。这样，电路和磁路分析就完全对应起来了。图 3-4 是磁路和电路的对比。

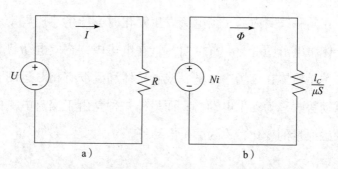

图 3-4　电路（a）和磁路（b）的类比

这里磁通的流向由右手定则决定，即取决于导线中电流的流向以及导线的环绕走向。同样类似于电路中的情形，在磁路中不同磁阻的组合下，如串联、并联，总磁阻的计算按照与电路分析中同样的规则。不同的是，在电路中，导线电导率和空气及别的绝缘介质的电导率的差异可以达到 10^{10} 量级，甚至更高，所以在电路分析中，电流基本完全局限在回路中。在磁路中则不然，如在 3.1.1 节中指出的，空气和常用软磁材料电工钢之间的磁导率的差异与工况有关，即便在最高磁导率下，也只有约 10^6 量级，所以忽略漏磁是一个比较粗略的近似。在很多情况下磁路分析是为了简化问题、便于分析的一个工具，但是基于磁路的定量计算并不能给出准确的结果。

3.1.3　电机中的磁性材料

　　磁性材料，准确地说是铁磁性材料，是电机的关键组元。电机中用的磁性材料有两种，软磁材料和永磁材料。前者主要是放大磁信号，规范和引导磁通，而后者本身一经磁化就可以产生稳定持续的磁场，而无须消耗额外的能量，跟电励磁相比，无须电流。

　　铁磁性材料最本质的特性是自发磁化和磁畴。自发磁化是指物质在无外加磁场的情况下，原子间的相互作用使原子磁矩自发地形成在空间内有序的排列。对于铁磁性材料来说原子磁矩会形成平行排列而具有较大的宏观磁矩 M，从而呈现宏观磁性。但是通常在无外加磁场或者磁化（未曾暴露在外磁场中）之前，铁磁性材料本身并不显示出磁性。原因就是在材料内部形成了很多很小的磁化均匀的区域，称为磁畴，这些小区域内部的磁化是均匀的、一致的，但是不同的小区域之间磁化成不同的角度，整体呈随机排列，因而相互抵消不显示出宏观磁性（见图3-5）。

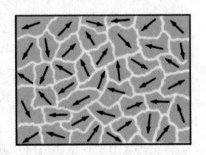

图3-5　磁畴示意图

注：箭头指示每个磁畴内的磁化方向。

在外加磁场的作用下，每个磁畴的磁化方向开始逐渐与外加磁场相一致，逐渐趋向平行排列的不同磁畴的磁矩开始显示累加效应，并叠加到外场上，于是就有了远远大于真空磁导率 μ_0 的磁导率 $\mu = \mu_r \mu_0$，又称为有效磁导率。随着磁场的增加，这种趋势会持续下去，直到所有的磁矩均与外场平行，总磁矩达到最大值，磁体达到饱和状态。当外磁场逐渐撤去，这种磁化状态并不能保持。在无外磁场的状态下，磁化方向会回到由材料的晶体结构对称性决定的易磁化轴方向。所以，磁化后的磁铁在外磁场逐渐移去后，并不回到初始的完全退磁的状态，而是会保留一部分净磁矩，这种现象称为磁滞。由于磁滞现象的存在，磁场强度 **H** 和磁通密度 **B** 之间的关系并非线性的、单值的，而是高度依赖于磁铁在磁场中被磁化的历史。这种依赖性可以通过磁铁在外磁场作用下磁通密度的变化即 BH 回线来表示。BH 曲线同时是表征磁性材料的最常用曲线。图 3-6 显示晶粒取向硅钢的 BH 回线。

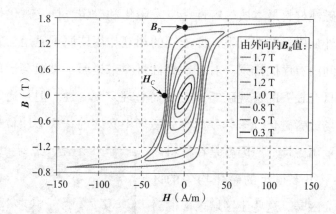

图 3-6　取向硅钢的 BH 回线
注：由内向外最大磁场强度逐渐提高。

图 3-6 中磁铁饱和后外场减小到零时的 **B** 值，称为剩余磁化强度，简称剩磁。而 **B** 减小到零时的磁场强度，称为矫顽力 H_C，有

时用 H_{CB} 来表示，以区别于内禀矫顽力 H_{CJ}。这一定义对于软磁材料和永磁材料均适用。

对于软磁材料而言，在电机的应用中，其主要作用是限制或者规范磁通路径，增强或者放大磁信号。因其应用环境多是交变磁场，因此需要其有较低的矫顽力，从而能够更灵敏地反映外磁场的变化。同时更低的矫顽力有助于降低能量损耗。这一点会在本章后面详述。从放大磁信号的角度来说，需要软磁材料有较高的 B 值，当然 B 值的大小和测量时外磁场的大小有关。因此比较不同材料，需要指定磁场值，如 100kA/m 下的 B 值等，或者直接比较不同材料的 BH 曲线。

在 3.1.1 节中我们提到，软磁材料的磁导率会在一定范围内变化，这种变化可以从 BH 曲线（不是回线）的形状上看出来（见图 3-7），这种非线性的依赖关系决定了磁导率随着磁场强度数值的变化而变化。而 B 对 H 的导数 dB/dH，即磁导率随 H 的变化从图中可以看到，当磁铁接近饱和的时候，其磁导率变得越来越低。在饱和之后，因材料的磁矩不再随外场变化，其磁导率等同于空气的磁导率。在磁路分析的讨论中我们提到磁路跟电路的类比来源于对漏磁的忽略，而当软磁材料的磁导率跟空气或者真空越来越接近的时候，漏磁的比例会越来越高，因而在磁路分析中漏磁不能忽略。同样在利用软磁材料限制磁通路径的场合中，也应该尽量避免磁铁工作在饱和磁场附近。

在电机中的软磁材料主要是硅钢，又称为电工钢。硅钢的发展已有 100 多年的历史，除电机外也是变压器铁芯以及各种电器元件最重要的金属功能材料之一。硅钢的主要成分是铁，外加一些微量的硅等元素以改善性能、降低损耗等。电机使用的主要是硅钢叠片，以降低涡流损耗。硅钢的力学与电磁性能相对均衡。虽然有别的软磁材料，如纳米晶软磁材料等，但在相当长的时间内硅钢依然会是电机应用的主力。

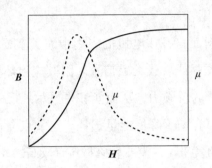

图3-7 软磁材料的 BH 曲线（实线）以及磁导率随磁场
强度变化（虚线）示意图

永磁材料是另一种对于驱动电机应用来说至关重要的材料，永磁电机的应用越来越广泛。与软磁材料相比，永磁材料有更高的矫顽力，尤其是对于高端应用，比如驱动电机，对矫顽力的要求更高。同样，其典型磁性能可以用 BH 或者 JH 曲线来描述。其中 J 是磁极化强度，是描述磁铁内禀性能的一个量。不同物理量之间的关系如下：

$$B = \mu_0 H + J \tag{3-12}$$

其中，J 是磁极化强度，为单位体积内磁偶极矩的矢量和，在国际单位中其单位为特斯拉（T），和 B 相同。

由于具有较高的矫顽力，所以永磁体一经磁化（充磁），就可以维持其磁化状态，从而稳定地产生磁场而无须额外的能量，如电流。这样不但能简化磁性器件的结构，而且节约能源。除剩磁和矫顽力外，另外一个衡量永磁体性能的指标是最大磁能积 $(BH)_{max}$，也就是图 3-8 的BH 曲线上第二象限 B 和

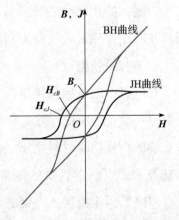

图 3-8 永磁材料的 BH 和 JH 曲线

H 乘积的最大值。永磁材料的发展已经经历了超过 100 年的历史，随着一系列新永磁材料的发明，在这期间几乎所有的性能指标都得到了很大的提升（见图 3-9）。

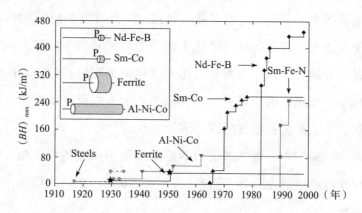

图 3-9 永磁材料的发展历史

尽管铝镍钴（Al-Ni-Co）、铁氧体（Ferrite）、钐钴（Sm-Co）和钕铁硼（Nd-Fe-B）各有特点，在不同的电机及其他磁性器件中均有应用，钕铁硼尤其是烧结钕铁硼以其高矫顽力和磁能积主导着目前的永磁驱动电机市场。但是钕铁硼的性能，尤其是矫顽力随着温度的升高而下降较快，具有比较大的负温度系数，所以对于驱动电机来说，为满足高温运行需求，通常需要高矫顽力的钕铁硼磁体。这种磁体中通常含有更为贵重的重稀土元素，如铽、镝等，这些元素增加了永磁体的成本。

3.2 电-力转换

电-力转换主要指以电场或者磁场为媒介的机电能量转换过程。在电机中，这种转换又可以分为两种情形，一种是电流或通电导线在磁场中的情形，而另外一种则是没有电流的情形。带电粒子在纯磁场中的运动受到的力称为洛沦兹力，对于点电荷而言：

$$F = q(v \times B) \tag{3-13}$$

其中，q 是粒子电荷，v 是粒子速度。所以带电粒子受到的力取决于电荷的大小、运行速度以及磁场强度。从式（3-13）中可以看到，洛伦兹力的方向既垂直于粒子运动方向又垂直于磁场方向，因为它是二者的矢量积，因而可以用左手定则来确定其方向，即将左手掌摊平，让磁力线穿过手掌心，四指表示正电荷运动方向，则和四指垂直的大拇指所指方向即为洛伦兹力的方向。

在实际应用中，更多的情形不是单个粒子在磁场中运动，而是大量电荷或者电流在磁场中运动，如图 3-10 所示是一段导线在磁场中的情形。

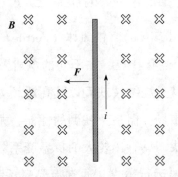

图 3-10　载流导线在磁场 B 中受到的力

注：图中磁场方向为垂直纸面向里，i 是电流强度，导线在磁场中的长度为 l（两端未全部画出）。

根据左手定则，导线所受到的力的方向为如图箭头所示，由于 i 是电流强度，磁场中的导线长度是 l，因而其大小为：

$$F = i(l \times B) \tag{3-14}$$

或者：

$$F = Bli\sin\theta \tag{3-15}$$

其中，θ 是导线和磁场方向的夹角。进而，如果导线线圈暴露在磁场中,如图 3-11 所示,虚线所示是线圈的中心,中心到上下导线的距离是 r,则在磁场作用下在上下导线中产生的力沿着线圈平面方向的分量会产生力矩 $F \cdot r$ 驱动线圈转动,这就是直流电机的工作原理。在感应电机中也有类似的作用力存在,只不过线圈中的电流是感应电流而不由外接电源产生。在图 3-11 中,很明显,要使导电线圈转动起来,电流方向需要不停地切换,因此直流电机需要电刷和换向器等附加部件,这些增加了直流电机的成本和复杂性,也限制了这种电机的市场应用范围。

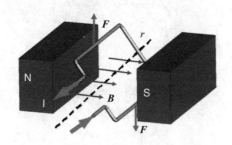

图 3-11　磁场中的载流导线

以上通过计算电荷与磁场的相互作用得到的作用力,只是电机等电力转换器件中一种相对比较简单的形式,其原因在于在这些器件中都含有磁性材料,而磁性材料之间的相互作用,或者磁性材料对于磁场的响应并不能通过上述简单公式导出,这种力的计算要复杂得多。但是从定性的理解上,对电机来说,它可以被看作是定子(Stator)和转子(Rotor)磁场之间的相互作用。这些磁场可以由转子或者定子的绕组产生,也可以由永磁体(通常在转子中)产生,这些绕组或者磁铁会产生一系列的 S 极和 N 极,就像指南针总是沿着地球的磁场方向一样,定子产生的 S 极和 N 极总是会试图和转子的 N 极和 S 极对应起来,从而产生力和力矩。对于电机来说,旋转的定子磁场会带动转子旋转,因而其中关键的是旋转磁场。

在如图 3-12 所示的交流三相绕组中，Aa，Bb，Cc 中分别通入交流电流 i_a，i_b，i_c。电流在时间上呈正弦变化，三相的幅值相同为 I_m，相位分别相差 120°。

$$\begin{cases} i_a = I_m\sin(\omega t) \\ i_b = I_m\sin(\omega t - 120°) \\ i_c = I_m\sin(\omega t - 240°) \end{cases} \tag{3-16}$$

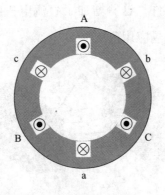

图 3-12　交流三相绕组示意图

在每一组线圈中都会产生相应的磁动势 $\mathcal{F} = Ni$，因而有：

$$\begin{cases} \mathcal{F}_a = \mathcal{F}_m\sin(\omega t) \\ \mathcal{F}_b = \mathcal{F}_m\sin(\omega t - 120°) \\ \mathcal{F}_c = \mathcal{F}_m\sin(\omega t - 240°) \end{cases} \tag{3-17}$$

同时，需考虑到三组线圈在空间上的分布，它们相互之间呈 120°夹角，所以三相绕组合成的磁动势应该是在空间上互成角度的随时间变化的不同分量的叠加，每一组线圈产生的磁动势为：

$$\begin{cases} \mathcal{F}_a(\theta,t) = \mathcal{F}_m\sin(\omega t)\cos\theta \\ \mathcal{F}_b(\theta,t) = \mathcal{F}_m\sin(\omega t - 120°)\cos(\theta - 120°) \\ \mathcal{F}_c(\theta,t) = \mathcal{F}_m\sin(\omega t - 240°)\cos(\theta - 240°) \end{cases} \tag{3-18}$$

总的磁动势：

$$\mathcal{F}(\theta,t) = \mathcal{F}_a(\theta,t) + \mathcal{F}_b(\theta,t) + \mathcal{F}_c(\theta,t) \qquad (3\text{-}19)$$

根据三角函数计算公式有

$$\mathcal{F}(\theta,t) = \frac{3}{2}\mathcal{F}_m\sin(\omega t - \theta) \qquad (3\text{-}20)$$

此式证明，在如图 3-12 所示的交流绕组中产生的磁场以 ω 的速度旋转，大小是每一相磁动势的 1.5 倍。在电机中，一种较为常用的做法是将同一相导线均匀分布到不同的齿槽中，即分布式绕组，根据安培定律不难计算，磁动势的空间分布以最中心的线圈处最强，由内向外依次递减。这种分布的好处是磁动势波形更接近正弦波，因而有利于降低高次谐波。另一种方法是在相邻的齿槽之间卷绕绕组，槽间距可以缩短，绕组的长度变短，因而电机端部的尺寸会更小，这种方法称为集中式绕组。集中式绕组可以降低端部绕组的长度，因而有利于降低铜损，但是通常需要更多的极数，在高转速下需要更高的基波频率，引起高的转子能量损耗等别的问题。在电动汽车用电机中，以分布式绕组居多。

3.3　驱动电机分类

驱动电机是电动汽车的核心部件，相比内燃机，其效率更高，在低速下有更高的转矩，因此电动汽车可以有更为突出的启动和加速性能。相较其他应用，驱动电机有其自身的特点和要求：

（1）高转矩密度和功率密度。

（2）低速，启动和爬坡时高转矩，高速巡航时高功率。

（3）在比较宽的速度和转矩范围内高效率。

（4）瞬时过载能力。

（5）高可靠性和经济性。

其他要求还有噪声及转矩脉动控制等。电机种类很多，而目前广泛应用的集中在感应电机和永磁电机。后者分为方波驱动的永磁无刷直流电机和正弦波驱动的永磁同步电机。传统电励磁的直流电机已经很少见，其原理已在 3.2 节中有过简要介绍，所以这里不再具体阐述。另外一种电机是开关磁阻电机，虽然其应用尚有困难，但最近相关研究比较多，尤其是永磁电机中稀土永磁的高昂价格使得人们不得不考虑其替代品，而开关磁阻电机因其不需任何永磁体而成为研究的热点。在多数旋转电机中，定子和转子由硅钢叠片组成。如前面所述，这种材料有很高的磁导率，可以增强线圈之间的耦合，提高电－力相互作用的能量密度。同时，通过适当的结构设计可以根据电机设计要求改变磁场的分布。不同电机的定子类似，而转子的差异比较大。所有驱动电机均是定子外置，转子在内部的。

3.3.1　感应电机

感应电机的转矩的产生依赖于转子中的轴向电流与定子产生的径向旋转磁场的相互作用，其原理如图 3-11 所示。图 3-13a 是感应电机的截面示意图。定子中的齿槽用于定子绕组，定子和转子硅钢表面均有绝缘涂层。转子中硅钢叠片的外围接近表面处有均匀分布的圆槽，高电导率的铜条或者铝条会填充到这些圆槽中，而这些导电条之间通过导电环连接。如果把这些导电条和导电环从转子中抽

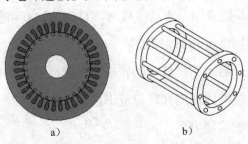

a)　　　　　　　　b)

图 3-13　感应电机结构示意图

出，就是如图 3-13b 所示的结构。因其外形类似于鼠笼，因此感应电机又称为鼠笼式感应电机。

很明显导电条之间是短接的，并且没有外部的电流供应，因而与定子磁场相互作用而产生转矩的电流来源于气隙磁场产生的感应电流。根据前述法拉第电磁感应定律，为了能够产生感应电流，转子不能随着定子产生的旋转磁场同步运动，因为在这种情形下将没有感应电流产生，从而电机也不会产生力矩，因此感应电机是异步电机。转子的机械转速和定子磁场转速的差别，即转差为：

$$S = \frac{N - N_{mmf}}{N_{mmf}} \tag{3-21}$$

其中，N 为转子机械转速，N_{mmf} 为磁场转速。在负载比较大的时候需要较大的转差来增强电磁感应，从而产生较大的转矩。

感应电机的发展比较成熟，制造成本也相对较低。影响电机运行效率的一个重要因素是铜耗，也就是导电电流引起的焦耳热效应。铜耗不仅降低能量转换效率，同时也会造成冷却问题，以及降低电机的过载运行能力。采用感应电机的汽车有特斯拉 Model S 以及 Model X，还有别克君越的混动版。

3.3.2　永磁同步电机

如 3.1.3 节中所述，永磁材料的特点就是一旦被磁化（充磁）就能一直保持磁化状态，即便处在一定强度的退磁化场中。特别是钕铁硼等稀土永磁体的发现，由于其高剩磁（产生磁场的能力）以及高矫顽力（稳定性），极大地促进了高性能永磁电机的发展。用永磁体取代载流导线或者导电条在电机中产生磁场的优势很明显。首先，永磁体不需要外接电源供电，也不需要利用定子产生的磁场去激励电流，永磁体在初始阶段一旦被磁化，就可以持续地产生磁场，不需要额外的能量；其次，和电励磁相比，产生同样的磁场，所需永磁体的体积和重量要小得多，因而它有利于降低电机的重量；最后，永磁电机，特别是深埋式永磁电机提供了设计上的灵活性，使得电机设计者可以根据应用需求和永磁体的特性优化电机设计。

永磁同步电机的工作原理比较简单。转子上的永磁体产生恒定磁场，在3.2节描述的作用力的带动下，永磁体产生的磁场会随着定子或者电枢产生的旋转磁场转动。这种永磁体磁场产生的转矩和磁通密度成正比，因此更强的永磁体能够产生更高的转矩。这也是在驱动电机中采用的几乎都是高性能的烧结钕铁硼磁体的原因。当然，除了磁铁磁场引起的转矩之外，在一些设计中，还有磁阻转矩的存在。

永磁同步电机又分为表贴式和深埋式。在表贴式永磁同步电机中，弧形永磁体贴在转子表面，紧邻转子与定子之间的气隙中（见图3-14左）；而在深埋式永磁同步电机中，永磁体被埋在转子内部（见图3-14右）。这种深埋式的结构对永磁体形成保护。这一点很重要，因为永磁材料特别是高性能的永磁材料主要是烧结钕铁硼，这种材料比较脆，力学性能如抗拉强度等远逊于电工钢。另一个重要的区别就是表贴式永磁同步电机的转子为圆筒式，从磁路的角度来说，沿不同方向的磁阻相同，不具有各向异性，因而不产生额外转矩。而深埋式永磁同步电机的转子则不同，由于磁铁在转子内部分散分布，而不是沿着圆周均匀分布，从而因沿着不同的方向，或者在转子的不同相对位置的磁阻不同而产生额外的转矩，即磁阻转矩。简单地说，即便是在永磁电机中的磁铁不存在的情况下，仅仅是磁铁槽口的存在也会产生转矩，只不过相对而言比较小。

以上所述的优点使得深埋式永磁同步电机在驱动永磁电机中得到广泛应用，如日产聆风、雪佛兰沃兰德、丰田普锐斯等。

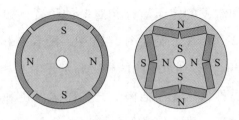

图 3-14　表贴式和深埋式永磁同步电机截面图

深埋式永磁同步电机有很多种不同的设计，每一个磁极既可以由单块磁铁组成，也可以由两块或者更多的磁铁组成，甚至可以由多层磁铁组成。磁极对数 p 也可以根据设计的需要来决定。永磁同步电机的转速 N 由以下关系式决定：

$$N = \frac{60f}{p} \tag{3-22}$$

其中 f 为电源频率。在相同功率下，更多的磁极对数对应更小的电机半径，有利于降低电机的体积，提高功率密度。但是从上式可以看出，在这种情况下达到相同的转速需要更高的电源频率，这有可能增加损耗，这一点会在下面详细讨论。定子绕组可以是分布式或者集中式的。

3.3.3　开关磁阻电机

开关磁阻电机是变磁阻电机的一种。开关磁阻电机通常是双凸极结构，即定子和转子均采用凸极设计，如图 3-15 所示。

在如图 3-15 所示的开关磁阻电机中，定子有六个极，转子有四个极。定子上的每个极均有绕组，而转子尽管也是由硅钢叠片组成的，但是并没有绕组或者感应电机中的导电条，也没有永磁体。因此开关磁阻电机从电机本身的结构来说，比较简单，同时其成本也比较低。当定子线圈中依次通入电流之后，与之对应的转子磁极会被拉向和激发的定子磁极相对应的位置。如果定子绕组被激发的顺序是 A，B，C，则在图 3-15 中，随着 B 相的激发，转子会顺时针旋转30°，直到水平的两磁极和定子中 B 相绕组对应的两极平行。以此类推，尽管在结构上开关磁阻电机和感应电机、永磁同步电机有较大不同，但类似的是，转子会在定子绕组的旋转磁场的带动下顺时针旋转。不难看出，转子的运动和旋转磁场是同步的，其产生的转矩依赖于不同位置处的磁阻差。开关磁阻电机通常工作在不连续电流的工作模式下，尽管连续电流模式也有相关的研究。开关磁阻电机的研究已有很多年，但是在驱动电机中的应用尚未开始。由于开关磁阻电机的双凸极结构、电磁特性以及开关的非线性影响导致了相当大的转矩脉动。同时其双凸极结构以及在转动过程中促使定子和转子磁极形成一致取向的力，会作用在定子结构上造成较大的振动与噪声。所有这些都限制了开关磁阻电机的应用。

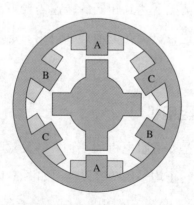

图 3-15 开关磁阻电机示意图

3.3.4 不同电机类型的比较

上述三种电机各有优缺点，感应电机成熟可靠，永磁同步电机的功率密度高，开关磁阻电机有成本优势。没有哪一种电机全面优于别的电机。对于每一种电机而言，其在不同工况下的表现又有所不同。对于驱动电机的应用，表 3-1 是一个定性的不同类型电机之间的比较。

表 3-1　不同类型电机的比较

	感应电机	永磁同步电机	开关磁阻电机
功率密度	★★★	★★★★★	★★★
效率	★★★★	★★★★★	★★★★
成本	★★★★★	★★	★★★★
可靠性	★★★★★	★★★	★★★★★
技术成熟度	★★★★	★★★	★★★
电机控制	★★★	★★★★	★★

对于目前已在电动汽车中得到应用的感应电机和永磁同步电机来说，永磁同步电机拥有更高的效率和功率密度，也更易于控制，或者说控制单元对于成本的影响更小，因而得到更广泛的应用。开关磁阻电机在效率和功率密度方面与感应电机相当，在其他方面则全面落后。永磁同步电机拥有最高的功率密度，可以以较小的体积达到较高的功率，因而采用永磁同步电机有利于降低电动汽车的重量，提高效率，对于混合动力汽车来说，可以提高燃油经济性。然而，永磁同步电机中广泛使用的烧结钕铁硼磁体价格昂贵，高昂的材料成本抬高了电机的价格，使得永磁同步电机成为最为昂贵的电机，这推动了对于开关磁阻电机等不含永磁体的电机的研究。同时我们之前也提到过，深埋式永磁同步电机在电机设计上有很多变量，因而有更多的灵活性，所以在优化永磁同步电机结构，以及采用更经济的永磁体方面有广泛的研究[1]。这些研究有利于推动开关磁阻电机等新型电机在电动汽车中的应用，也有利于降低永磁同步电机的成本和对稀土永磁的依赖。

3.4　电机中的能量损耗

电机是电－力转换机器，与其他形式的能量转换类似，其效率并非100%，并不是所有的电能都能转换成驱动电机转动的机械能，其中有一部分会损失掉。了解损耗的来源是降低损耗、提高电机运行效率的关键。电机中的能量损耗分以下几种：

（1）铜损，也就是电流在导线中的焦耳热而产生的损耗。

（2）机械损耗，主要是由摩擦引起的。

（3）负载杂散损耗。

（4）铁损，即电机铁芯中的能量损耗。

铜损是电流在导线中因电阻的存在而引起的能量损失，跟电流的平方成正比，因在驱动电机绕组中电流通常会比较大，所以铜损是电机能量损耗的一个重要部分。机械损耗主要指风摩损耗和机械摩擦损耗，是指电机在旋转过程中的风阻损耗和机械摩擦阻力损耗。风摩损耗的产生原因为转子高速转动下由空气摩擦产生的损耗，因此转子表面粗糙度越高，损耗越大，转速越高，损耗越大。负载杂散损耗是指除电机铁损，机械损耗和定转子铜损以外，由电机的负载电流所引起的各种损耗之和。

铁损是另一个占重要比重的能量损耗，是在定子和转子铁芯（主要是定子）中的能量损耗。铁损可以分为两部分，即磁滞损耗和涡流损耗。磁滞损耗是因为铁磁材料中磁滞的存在而引起的，这一点在3.3节中有详述。改变磁畴的磁化方向需要能量，而在电机中的磁场是交变场，所以在每次磁场发生变化的时候就需要额外的功来使硅钢中的磁通指向外场方向。磁滞损耗的大小和磁滞回线中所包围的面积成正比，每一个交流磁场的周期就对应于一个磁滞回线（见图 3-16）。涡流损耗同样是由交变磁场引起的。因为硅钢电阻率很低，所以在交流磁场的作用下，根据法拉第定律，定子绕组铁芯中会产生感应电流来反抗铁芯内部磁通的变化。为降低涡流损耗，电机的铁芯通常是硅钢薄片而不是整块的钢。钢片之间绝缘，因而电流不能在硅钢片之间流动。图 3-16 显示涡流损耗、叠片的方向及其对涡流的影响。分割成叠片之后，不仅每一钢片内的感应电动势降低，而且电阻更大，因而涡流损耗跟大块导体相比大幅降低。

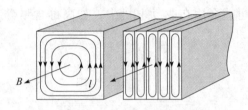

图 3-16　交变磁场引起的涡流损耗以及把铁芯分割成相互绝缘的薄片的影响

　　新能源汽车用电机的发展趋势是更高的功率密度、更高的效率，当然还有更低的成本。作为未来的发展目标，美国能源部预期到 2020 年，功率密度可以到 5.7kW/L。这些目标的实现依赖于电机设计的改进，同时也很大程度上受关键材料的性能以及成本的影响。如前所述，目前的电动汽车的驱动电机多数为永磁电机，而其中的永磁材料几乎都是高端的稀土永磁 Nd-Fe-B。稀土材料高昂的价格是制约电机成本的一个重要因素，而且随着电动汽车销量和市场份额的上升，这种影响会越来越受关注，因为更高的需求必然会拉动稀土价格的进一步上扬。因此，现在已经有越来越多的研究瞄准替代电机[2]，其中包括对开关磁阻电机以及感应电机的性能的提升，同时也有对永磁电机的改进，以期利用非稀土永磁材料来达到类似的性能，例如 2016 雪佛兰沃兰德已经采用了铁氧体作为替代永磁体[3]。铁氧体的价格极为低廉，但是性能与 Nd-Fe-B 相比差距较

大，磁能积远低于烧结 Nd-Fe-B，因此造成在电机设计和体积重量
上的明显变化。综合而言，基于稀土永磁材料尤其是 Nd-Fe-B 的电
机依然是综合性能最好的。电机中的软磁材料是另一种关键材料，
同时也是对效率和成本影响较大的材料。如在 3.4 节中所述，在定
子和转子中的软磁材料硅钢在交变磁场的作用下会产生铁损。把硅
钢轧制成薄片是降低铁损的一个主要途径，在电机设计中开始采用
越来越薄的硅钢片来进一步降低铁损。还有别的软磁材料尚在研究
中，它们未来可能会用在驱动电机中，如高硅含量硅钢、非晶和纳
米晶软磁材料等[4]。

思考题

1. 以图 3-11 为例，分析线圈转动角度和转矩的关系。
2. 在一个 C 型铁芯中，结合图 3-7 分析在不同的磁场下磁导率的变
   化对于铁芯气隙处磁场的影响。
3. 分析感应电机转子电压与转速的关系。
4. 思考永磁电机中，在永磁性能比较弱（如铁氧体）的情况下，可
   能的对于电机性能的补偿设计方案。

参考文献

［1］ Boldea I, Tutelea L N, Parsa L, et al. Automotive Electric Pro-
pulsion Systems with Reduced or No Permanent Magnets：An O-
verview［J］. IEEE Transactions on Industrial Electronics, 2014,
61(10)：5696-5711.

［2］ Riba J R, López-Torres C, Romeral L, et al. Rare-earth-free
Propulsion Motors for Electric Vehicles：A Technology Review

［J］. Renewable and Sustainable Energy Reviews, 2016 (57):
367-379.

［3］ Sarlioglu B, Morris C T, Han D, et al. Driving toward Accessi-
bility: a Review of Technological Improvements for Electric Ma-
chines, Power Electronics, and Batteries for Electric and Hybrid
Vehicles ［J］. IEEE Industry Applications Magazine, 2017, 23
(1): 14-25.

［4］ Krings A, Boglietti A, Cavagnino A, et al. Soft Magnetic Materi-
al Status and Trends in Electric Machines ［J］. IEEE Transactions
on Industrial Electronics, 2017, 64(3): 2405-2414.

［5］ Mellino S, Petrillo A, Cigolotti V, et al. A Life Cycle Assess-
ment of Lithium Battery and Hydrogen-FC Powered Electric Bicy-
cles:Searching for Cleaner Solutions to Urban Mobility ［J］. Inter-
national Journal of Hydrogen Energy, 2017, 42(3): 1830-1840.

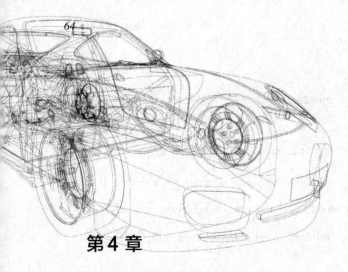

第4章

动力电机建模与控制

为满足汽车驾驶性和舒适性，电动汽车由动力系统、舒适系统以及能源系统构成。动力系统由电机/发电机、变速器/差速器、电池构成。舒适系统由电动空调和电动加热系统构成。能源系统由电池、电池冷却系统、电池管理系统以及充电系统构成（见图4-1）。

和传统内燃机汽车相比，电动汽车的结构以及零部件简单，例如传统内燃机动力系统由发动机、燃油系统、冷却润滑系统、启动电机、尾气后处理装置等组成。由于动力系统的扭矩和转速特性，为满足相应的底端扭矩输出和高端转速输出，变速器布置于动力系统和驱动车轮之间。在低速时，变速器有降速增扭的功能；在高速时，变速器调节速度用于满足高速行驶要求。

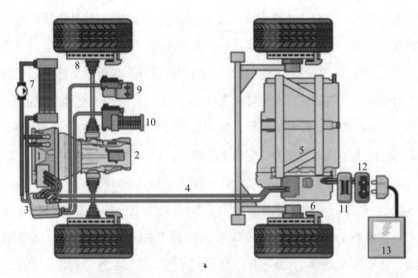

图 4-1 电动车系统

注：1 表示电机/发电机；2 表示变速器/差速器；3 表示电机控制系统；4 表示高压线路；5 表示高压电池；6 表示电源管理系统；7 表示电池冷却系统；8 表示刹车系统；9 表示空调压缩机；10 表示驾驶舱加热器；11 表示充电器；12 表示充电接口；13 表示外部充电电源。

电机将电能转化为机械能。通常电机分直流电机和交流电机为汽车提供相应的动力输出。两种电机都被应用于电动汽车动力系统。相比直流电机，交流电机本身成本便宜，重量轻，可靠性高，但交流电机控制系统需要将直流电源转化为交流电源，使得其成本高。因此直流电机和直流电机控制器组合成本低于交流电机及其控制器。交流电机和直流电机的对比如表 4-1 所示。

表 4-1　直流电机和交流电机对比

交流电机	直流电机
单级变速器	多级变速器
质量小	相同功率下，质量更大
价格低	价格高
满负荷下效率为 95% 左右	满负荷下效率为 85% ~95%
电机控制器结构复杂	电机控制器结构简单
动力总成系统成本高	动力总成系统成本低
可靠性高	可靠性低

电机控制器介于电池和电机之间，用于控制能量转换和电机输出的转速与扭矩。电机控制将直接反映在汽车速度、加速性能以及能量转换效率上。电机控制的输入为驾驶员油门踏板信号。当驾驶员输入油门踏板信号，电机控制器将直流转化为交流/直流，同时控制电池放电能量。另外，电机控制能让电机反转，达到汽车倒车行驶的目的。电机控制也能将电机工作状态调整为发电机工作模式，用于回收汽车制动能量。

早期直流电机控制采用可变电阻器（Variable Resistor Type Controller）来控制电机的速度。这种控制器使用电池的全部功率和电流来驱动电机。在低速和低负荷时，比较高的电阻用于降低电机电流，达到输出功率，在高电阻放热过程中会产生很高的能量损失。只有在比较高的电机功率输出下，才能有比较高的系统效率。现代电机控制器采用脉冲宽度调制（Pulse Width Modulation）。开关调节装置，如硅控整流器（Silicon Controlled Rectifier），用于快速断开和接合电机电路。电路断开间隔短，即可实现高功率电击输出。当降低断开间隔时，就降低了电机的功率输出。大部分电动汽车都会配备制动能量回收控制器，用于回收整车制动能量。在汽车减速时，部分制动能量被处于发电机模式下的电机回收。回收的电能被用于给电池充电。这样能增加电动汽车的行驶里程。

4.1 电动汽车控制概述

能量储存在电池中，电池为直流电源。驾驶员感知道路负载情况，以及通过油门踏板信号来设定电机控制器的目标转速，电机控制器根据当前的电机转速来调节 DC/AC 逆变器的输出功率，以调节电机转速。同时逆变器通过 DC/DC 直流变压器将电池的直流电压稳定地转化为逆变器的工作输入电压（见图 4-2）。

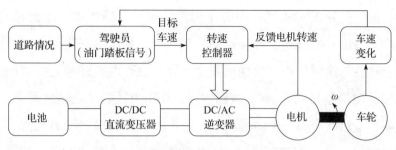

图 4-2　电动汽车控制系统框架图

在整个运动控制过程中，有两个闭环系统，一个是电机控制系统，根据反馈的电机转速来闭环控制电源开关；另一个闭环系统的控制器为驾驶员，驾驶员根据相应的道路负载，同时观测车辆运行速度来相应调整油门开度。

对于电机控制，电机的负载和转速需要对应的输入电压以及电流。电机的输入电压以及电流为逆变器的输出电压以及电流，逆变器将直流电转化为相应的多相交流电来驱动电机，通常为三相。逆变器通过调节开关电源的占空比来调节对应的输出电压以及电流，以满足电机需求。

4.2　电机建模原理

4.2.1　线圈的电磁感应

直流电机能将直流电能转化为机械能（直流电动机）或者将机械能转化为电能（直流发电机）。直流电机由转子和定子两部分组成。定子的主要作用是产生磁场，由机座、主磁极、换向极、端盖、轴承和电刷装置等组成。旋转部件称为转子，其主要作用是产生电磁转矩和感应电动势，由转轴、电枢铁心、电枢绕组、换向器和风扇等组成。

磁场能由电流产生，例如将磁铁以及磁性材料靠近通电的线圈，能感受到磁铁受到线圈的作用力。如果磁场在线圈附近移动，作用力会随着磁铁的位置移动而发生改变，同时能观察到磁场强度随着磁铁与线圈的距离改变而发生变化：磁铁与线圈越近，作用力越强（磁场越强）；磁铁与线圈越远，作用力越弱（磁场越弱）。这表明，电流能产生一个向量场 $\boldsymbol{B}$。这个向量场可以假设为无穷个由细小线圈 $\mathrm{d}l$ 产生的若干个磁场 $\mathrm{d}\boldsymbol{B}$ 的叠加效应。根据毕奥－萨伐尔定律（Biot-Savart Law），如果 r 是细小线圈 $\mathrm{d}l$ 指向空间中任意一点 P 的向量，则此段线圈 $\mathrm{d}l$ 对空间中 P 点的磁场贡献为 $\mathrm{d}\boldsymbol{B}$。

$$\mathrm{d}\boldsymbol{B} = i\frac{\mathrm{d}l \times \boldsymbol{r}}{|r|^3} \tag{4-1}$$

公式（4-1）能够用于计算通电线圈附近的磁场强度。对于闭合线圈，如果不考虑边界损失，在线圈内部会产生一个线圈轴向稳定的磁场，磁场强度可以由公式（4-2）计算。

$$|\boldsymbol{B}| = \frac{\mu}{l}Ni \tag{4-2}$$

其中，l 为线圈长度，μ 为线圈内部磁导率，N 为线圈绕数。考虑一个平面 S 位于磁场 $\boldsymbol{B}$ 中，这个平面的磁通量 $\varPhi$ 被定义为单位磁通量在这个平面上的积分，即：

$$\varPhi = \int \boldsymbol{B} \cdot \boldsymbol{n} \cdot \mathrm{d}S \tag{4-3}$$

其中，$\boldsymbol{n}$ 为 S 平面的垂直向量。特殊情况下，如果表面积为 A 的平面与一个统一的磁场 $\boldsymbol{B}$ 形成 β 的夹角，那么磁通量为：

$$\varPhi = |\boldsymbol{B}|A\cos\beta \tag{4-4}$$

通常磁感应线圈有固定的横截面积、磁通量。通过线圈轴向的磁通量对于给定的电流和横截面积是固定值。定义线圈横截面积为 A，磁场方向平行于线圈轴向，$\beta = 0$。磁通量可以用公式（4-2）和公式（4-3）来计算，即：

$$\varPhi = K_0 Ni \tag{4-5}$$

其中：

$$K_0 = \frac{\mu}{l}A$$

电动机的工作原理是旋转的电流通过外部磁场。我们通过洛伦兹力公式（Lorentz Force Equation）可以很好地理解电磁效应的机械性能。洛伦兹力是移动电荷在磁场中产生的作用力。定义 E 为电场，B 为磁场，q 为一个单位电荷，电荷在磁场中的移动速度为 v，那么此电荷受到磁场的力为：

$$F = q(E + v \times B) \tag{4-6}$$

考虑恒定电流 i 通过一段线缆。假设电场为零（直流电机），单位电荷 dq 通过有限单元的线缆 dl，此段线缆所受的洛伦兹力可以由电流来计算：

$$\mathrm{d}F = \mathrm{d}q(v \times B) = \mathrm{d}q\left(\frac{\mathrm{d}l}{\mathrm{d}t} \times B\right) = \frac{\mathrm{d}q}{\mathrm{d}t}\mathrm{d}l \times B = i\mathrm{d}l \times B \tag{4-7}$$

假设 α 为磁场和电流的夹角，那么线缆受力的大小为：

$$|F| = il |B| \sin\alpha \tag{4-8}$$

受力的方向为垂直于磁场方向和电流方向形成的平面，同时遵循右手定则，如图 4-3 所示。

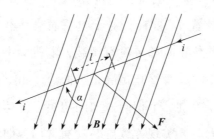

图 4-3 通电导线在磁场中的受力

根据公式（4-8），考虑由一根线缆组成的一个矩形线圈，处于一个统一的磁场内。假设线圈的电流为 i，l 为线圈在磁场垂直方向上的投影长度（见图4-4）。矩形线圈会受到磁场的两组作用力。此时电流方向与磁场方向始终保持 ±90°，两组受力方向相反，但是受力大小一样。

$$|\boldsymbol{F}| = il|\boldsymbol{B}| \tag{4-9}$$

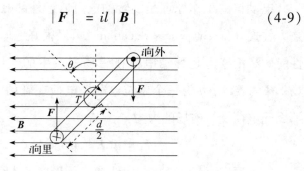

图4-4　线圈的磁场中产生的扭矩

两组相反方向的受力在线圈两侧会产生对线圈中心的扭矩 T。扭矩大小取决于线圈和磁感应方向的夹角 θ。如果线圈侧边长度为 d，那么线圈中心受到的力矩大小为：

$$T = 2|\boldsymbol{F}|\frac{d}{2}\sin\theta = |\boldsymbol{F}|d\sin\theta \tag{4-10}$$

将公式（4-9）代入公式（4-10）：

$$T = |\boldsymbol{F}|d\sin\theta = il|\boldsymbol{B}|d\sin\theta \tag{4-11}$$

对于公式（4-11），电流在磁场作用下产生的对线圈的力矩取决于线圈的转角位置 θ。同样，对于电机而言，电机所产生的扭矩取决于电机转子的位置。如果没有负载，电机会一直保持正转和反转。线圈位置为180°，那么扭矩会正负抵消，如图4-5所示。

电机的目的是提供一个相同方向的扭矩，以达到在相对稳定的时间内在同一个方向上实现连续旋转。通常用换向器对线圈电流进行换向，以达到旋转扭矩在同一个旋转方向的目的。结构上，换向器是几个接触片围成的圆形，分别连接转子上的每个触头，外边连接的两个电极称为电刷，与之接触，同时只接触其中的两个。原理是，当线圈通过电流后，会在永久磁铁的作用下，通过吸引和排斥力转动，当它转到和磁铁平衡时，原来通着电的线圈对应换向器上的触片就与电刷分离开，而电刷连接到符合产生推动力的那组线圈对应的触片上，这样不停地重复下去，直流电动机就转起来了，如图 4-6 所示。换向器随着转子旋转而改变绕组电流方向，因为电流在转子每转半圈时换向。换向器通常会和绕组位置对应，以使电流在 180°旋转界角度时进行反转，从而达到输出扭矩为同一个方向的目的。

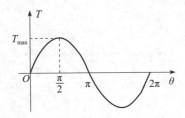

图 4-5　通电线圈在磁场中的旋转过程受到的扭矩和转角的关系

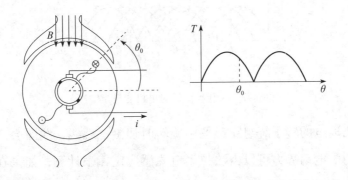

图 4-6　有两相换向器电机的扭矩输出

　　虽然在换向器的作用下，电机扭矩会在一个旋转方向，但是输出扭矩还是取决于转子位置。通常增加线圈绕组数目，以及增加换向器换向组数来达到消除转子位置对输出扭矩的影响的目的。多个绕组以及多个换向器连续分别对相应绕组的电流进行反转，从而实现扭矩的平稳输出。例如，如果有 N 组线圈在转子绕组中，则换向器有 $2N$ 个触点，扭矩输出会由 $2N$ 个半正弦曲线叠加而成，如图 4-7 所示。增加线圈绕数以及对应的换向器触点能降低扭矩波动。通常电机扭矩输出可以估算为：

$$T = ild \left| \boldsymbol{B} \right| \tag{4-12}$$

考虑公式（4-4），转子中的磁通量 $\boldsymbol{\Phi}$ 与磁场强度成正比，因此电机扭矩为：

$$T = K_{\Phi}\boldsymbol{\Phi}i \tag{4-13}$$

其中：$K_{\Phi} = ldA$。

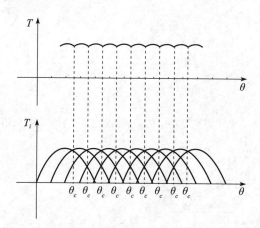

图 4-7　多相换向器对电机的扭矩输出

当通电的转子绕组在磁场中旋转时切割磁感线，线圈会产生电动势力。电动势力可以由法拉第电磁感应定律来计算，如果在封闭线圈中的磁通量 $\boldsymbol{\Phi}_c$ 发生变化，那么线圈会产生电动势力 e：

$$e = -\frac{\mathrm{d}\boldsymbol{\Phi}_c}{\mathrm{d}t} \tag{4-14}$$

通过线圈的磁通量可以由公式（4-4）来决定，同时对公式（4-14）进行时间的导数运算，反向电动势力可以用以下公式计算：

$$e = -\frac{\mathrm{d}\Phi_c}{\mathrm{d}t}$$

$$= -\frac{\mathrm{d}}{\mathrm{d}t}\,|\,\boldsymbol{B}\,|\,A\cos\theta(t) \tag{4-15}$$

$$= |\,\boldsymbol{B}\,|\,A\,\dot{\theta}(t)\sin\theta(t)$$

$$= |\,\boldsymbol{B}\,|\,A\omega(t)\sin\theta(t)$$

其中 $\omega(t) = \dfrac{\mathrm{d}\theta(t)}{\mathrm{d}t}$ 为电机的角速度。由于换向器以及多数目的

绕组，绕组可以近似地在 $\theta = \dfrac{\pi}{2}$ 附近工作，因此反向电动势力可估

算为 $e = |\,\boldsymbol{B}\,|\,A\omega(t)$。类比公式（4-12）和公式（4-13），反向电动

势力也可以用磁通量来计算：

$$e = K_\Phi \Phi \omega \tag{4-16}$$

4.2.2　直流电机模型

通常直流电机模型可以假设为两部分：定子和转子。将定子和

转子分别假设为一个单一的线圈，其电容和电阻分别为 L_e、L_a、R_e

和 R_a（见图 4-8）。

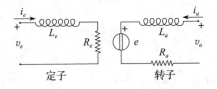

图 4-8　直流电机转子和定子的等效电路

对于定子部分，电路的动态公式为：

$$v_e(t) = L_e \frac{\mathrm{d}i_e}{\mathrm{d}t} + R_e i_e \tag{4-17}$$

公式（4-17）为线性公式，使用拉普拉斯变换得到：

$$\frac{i_e(s)}{v_e(s)} = \frac{K_e}{1 + \tau_e s} \qquad (4\text{-}18)$$

其中，$K_e = \dfrac{1}{R_e}$，为定子增益；$\tau_e = \dfrac{L_e}{R_e}$，为定子时间常数。对于转子部分，需要考虑反向电动势，电路的动态公式为：

$$v_a(t) = L_a \frac{\mathrm{d}i_a}{\mathrm{d}t} + R_a i_a + e \qquad (4\text{-}19)$$

使用拉普拉斯变换得到：

$$\frac{i_a(s)}{v_a(s) - e(s)} = \frac{K_1}{1 + \tau_a s} \qquad (4\text{-}20)$$

其中，$K_a = \dfrac{1}{R_a}$，为转子增益；$\tau_a = \dfrac{L_a}{R_a}$，为转子时间常数。

考虑公式（4-13）和公式（4-14），电机的扭矩和反向电动势为：

$$T_M = K_\Phi \Phi i a \qquad (4\text{-}21)$$

$$e = K_\Phi \omega \qquad (4\text{-}22)$$

磁通量 Φ 由定子线圈产生，因此可以假设磁通量 Φ 为定子电流 i_e 的方程，那么扭矩和反向电动势为：

$$T_M = K i_e i_a \qquad (4\text{-}23)$$

$$e = K i_e \omega \qquad (4\text{-}24)$$

其中，$K = K_\Phi K_0 N$。

电机的转速和扭矩的关系为：

$$T_M - T_L = J \frac{\mathrm{d}\omega}{\mathrm{d}t} + f\omega \qquad (4\text{-}25)$$

其中，T_L 为负载扭矩，J 为转动惯量，f 为摩擦系数。线性传递函数为：

$$\frac{\omega(s)}{T_M(s) - T_L(s)} = \frac{K_m}{1 + \tau_m s} \qquad (4\text{-}26)$$

其中，$K_m = \dfrac{1}{f}$，为机械系统增益；$\tau_m = \dfrac{J}{f}$，为机械系统时间常数。

综合上述电机模型，直流电机的系统方框图可以表述为如图 4-9 所示。

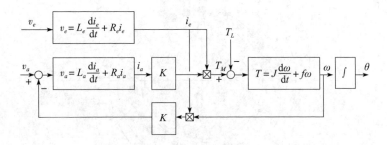

图 4-9　直流电机系统方框图

图 4-9 为具有两个输入、一个输出的四阶非线性系统。其中，负载 T_L 为干扰输入。四个系统状态为：定子电感中的能量、转子电感中的能量、转子的转动能量以及转子的位置 θ。

4.2.3　交流电机建模

异步电机或者交流感应电机由定子和三相绕组转子构成。同时，在转子和定子的光滑曲面之间有细小的空气间隙。定子绕组通有直流电流，定子和转子之间除轴承外没有直接机械的连接部件。为更好地推导鼠笼式交流电机的模型公式，一些建模假设如下。

对于对称三相绕组：

（1）忽略铜线损失以及间隙。

（2）电机径向磁场和电流场为正弦分布（见图 4-10），电机截面如图 4-11 所示。

（3）所有计算基于三相向量场。

（4）所有绕组损失、饱和以及间隙损失都忽略不计。

（5）定子和转子的磁通量都假设为闭合以及由无穷矢量构成。

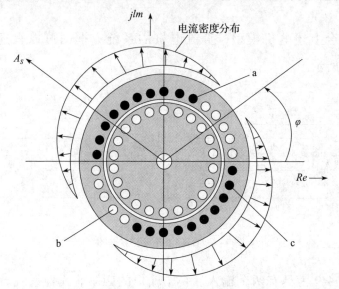

图 4-10　正弦电流密度分布

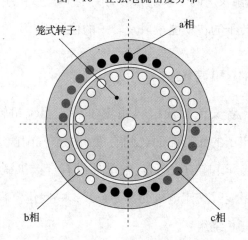

图 4-11　感应电机截面

1. 自然坐标系下的电机模型

在自然坐标系下，对于三相交流电机（见图 4-12），电压公式为：

$$U_{sa} = i_{sa}R_{sa} + \frac{\mathrm{d}\Psi_{sa}}{\mathrm{d}t} \tag{4-27}$$

$$U_{sb} = i_{sb}R_{sb} + \frac{\mathrm{d}\Psi_{sb}}{\mathrm{d}t} \tag{4-28}$$

$$U_{sc} = i_{sc}R_{sc} + \frac{\mathrm{d}\Psi_{sc}}{\mathrm{d}t} \tag{4-29}$$

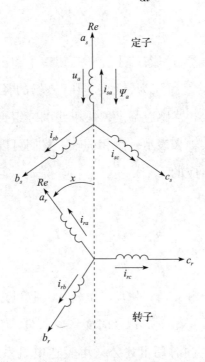

图 4-12　在自然坐标系中的异步电机的转子和定子三相绕组

其中，Ψ_{sa}，Ψ_{sb} 和 Ψ_{sc} 为每一相的磁通量。$R_{sa} = R_{sb} = R_{sc} = R$，为每一相绕组的电子。如果用向量公式表示定子的电压场，我们会得到：

$$\vec{U}_s = \vec{i}_s R_s + \frac{\mathrm{d}\vec{\Psi}_s}{\mathrm{d}t} \tag{4-30}$$

$$U_{s0} = i_0 R_s + \frac{\mathrm{d}\Psi_{s0}}{\mathrm{d}t} \tag{4-31}$$

其中，公式（4-31）是零序分量。通常情况下零序分量可以忽略不计，因此可以用一个向量公式来代替三个公式。同样的方法适用于电机转子。

$$\vec{U}_r = \vec{i}_r R_r + \frac{\mathrm{d}\vec{\Psi}_r}{\mathrm{d}t} \tag{4-32}$$

$$U_{r0} = i_{r0} R_r + \frac{\mathrm{d}\Psi_{r0}}{\mathrm{d}t} \tag{4-33}$$

同样，零序分量可以忽略不计。三相转子和三相定子的电流产生磁通量。假设空气间隙为常数，同时磁场的径向分布为正弦分布，转子和定子的相互感应强度取决于线圈绕组夹角的余弦值。现在采用复平面的实轴来表示一个相的轴，我们可以用三个复平面来表示自然坐标系对应的 a，b，c 三个相。例如，定子 a 相的磁通量可以表示如下：

$$\vec{\Psi}_s = \vec{i}_s L_s + \vec{i}_\gamma \mathrm{e}^{jx} L_m \tag{4-34}$$

$$\vec{\Psi}_r = \vec{i}_r L_r + \vec{i}_s \mathrm{e}^{-jx} L_m \tag{4-35}$$

感应电机模型由公式（4-32）至公式（4-35）表示。如果给定转子和定子的电压 u_s 和 u_r，以及时变参数 $x(t)$，上述公式可以用于计算电机的电流。同时用上述公式可表达电机系统的时变线性模型。如果 $x(t)$ 未知，$x(t)$ 需要通过扭矩或者动力学方程来计算，那么电机模型会由线性系统变为非线性系统。

2. 统一坐标系下的电机模型

定义 $x(t)$ 为 a 相在新的统一坐标系下的角位移。在新的坐标系下定子电流向量 $\vec{i}_s$ 的夹角改写为复数，a 改写为 a^*。因此，这个角度可以表达为 $* = -x_k$（见图4-13）。在新的坐标系中用 $\vec{i}_s^*$ 定义电流向量，那么定子的电流可以表述为：

$$\vec{i}_s^* = \vec{i}_s e^{-jx_1} \tag{4-36}$$

$$\vec{i}_s = \vec{i}_s^* e^{jx_1} \tag{4-37}$$

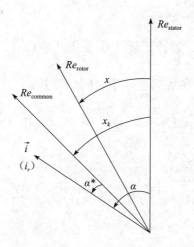

图 4-13 坐标转换

在两个坐标系（以定子为参照，统一坐标系）之间的夹角为 $x_k - x$，因此转子可以表达为：

$$\vec{i}_r^* = \vec{i}_r e^{-j(x_1-x)} \tag{4-38}$$

$$\vec{i}_r = \vec{i}_r^* e^{j(x_1-x)} \tag{4-39}$$

在新的统一坐标系下，磁通量公式可以表述为：

$$\vec{\Psi}_s^* = \vec{i}_s^* L_s + \vec{i}_r^* L_m \tag{4-40}$$

$$\vec{\Psi}_r^* = \vec{i}_s^* L_m + \vec{i}_r^* L_r \tag{4-41}$$

仔细观察上述公式，基于时间的参数 $x(t)$ 并没有出现在这些公式之中，磁通量公式简化为类似于变压器的公式。对磁通量进行求导，可以分析电压：

$$\frac{d\vec{\Psi}_s}{dt} = \frac{d(\vec{\Psi}_s^* e^{jx_1})}{dt} = \frac{d\vec{\Psi}_s^*}{dt} e^{jx_1} + j \frac{dx_k}{dt} \vec{\Psi}_s^* e^{jx_1} \tag{4-42}$$

$$\frac{\mathrm{d}\vec{\Psi}_r}{\mathrm{d}t} = \frac{\mathrm{d}\big[\,\vec{\Psi}_r^{\,*}\,\mathrm{e}^{\mathrm{j}(x_1-x)}\,\big]}{\mathrm{d}t} = \frac{\mathrm{d}\vec{\Psi}_r^{\,*}}{\mathrm{d}t}\mathrm{e}^{\mathrm{j}(x_1-x)} + \mathrm{j}\Big(\frac{\mathrm{d}x_k}{\mathrm{d}t} - \frac{\mathrm{d}x}{\mathrm{d}t}\Big)\vec{\Psi}_r^{\,*}\,\mathrm{e}^{\mathrm{j}(x_1-x)}$$

$$(4\text{-}43)$$

其中，$\dfrac{\mathrm{d}x}{\mathrm{d}t} = \omega$，为转子转速或者角速度；$\dfrac{\mathrm{d}x_k}{\mathrm{d}t} = \omega_k$，为定子转速或者角速度；两个参数都是基于时间的变量。

$$\vec{u}_s^{\,*} = \vec{u}_s\mathrm{e}^{-\mathrm{j}x_1} = \vec{i}_s\mathrm{e}^{-\mathrm{j}x_1}R_s + \frac{\mathrm{d}\vec{\Psi}_s^{\,*}}{\mathrm{d}t}\mathrm{e}^{-\mathrm{j}x_1} = \vec{i}_s R_s + \frac{\mathrm{d}\vec{\Psi}_s^{\,*}}{\mathrm{d}t} + \mathrm{j}\omega_k\vec{\Psi}_s^{\,*}$$

$$(4\text{-}44)$$

$$\vec{u}_r^{\,*} = \vec{i}_r\mathrm{e}^{-\mathrm{j}(x_1-x)}R_r + \frac{\mathrm{d}\vec{\Psi}_r^{\,*}}{\mathrm{d}t}\mathrm{e}^{-\mathrm{j}(x_1-x)} = \vec{i}_r^{\,*} R_r + \frac{\mathrm{d}\vec{\Psi}_r^{\,*}}{\mathrm{d}t} + \mathrm{j}(\omega_k - \omega)\vec{\Psi}_r^{\,*}$$

$$(4\text{-}45)$$

基于时间的参数 ω_k、$\omega_k - \omega$ 出现在电压公式中。假设转子转速不会突变，同时在大部分时间内是常数。此时磁通量主要由两部分决定，其中 $\dfrac{\mathrm{d}\vec{\Psi}_r}{\mathrm{d}t}$ 为变压部分，$\mathrm{j}(\omega_k - \omega)\vec{\Psi}_s$ 为感应电压。忽略 $*$，采用随机的坐标系，电机模型变为如下形式：

$$\vec{u}_s = \vec{i}_s R_s + \frac{\mathrm{d}\vec{\Psi}_s}{\mathrm{d}t} + \mathrm{j}\omega_k\vec{\Psi}_s \qquad (4\text{-}46)$$

$$\vec{u}_r = \vec{i}_r R_r + \frac{\mathrm{d}\vec{\Psi}_r}{\mathrm{d}t} + \mathrm{j}(\omega_k - \omega)\vec{\Psi}_r \qquad (4\text{-}47)$$

$$\vec{\Psi}_s = \vec{i}_s + L_m\vec{i}_r \qquad (4\text{-}48)$$

$$\vec{\Psi}_r = L_m\vec{i}_s + L_r\vec{i}_r \qquad (4\text{-}49)$$

在大部分情况下，我们可以选用三类不同的坐标系。

（1）以电机定子为参考，坐标系固定，即 $\omega_k = 0$，那么非线性系统的交叉项为 $\mathrm{j}\omega_k\vec{\Psi}_s$ 和 $\mathrm{j}\omega_k\vec{\Psi}_r$ 为零，只有 $\mathrm{j}\omega\vec{\Psi}_r$ 出现在转子电压模

型中。

（2）以电机转子为参考，坐标系随转子以相同的速度移动，即 $\omega_k = \omega$。在这种情况下，非线性交叉相 $j\omega_k \vec{\Psi}_s = j\omega \vec{\Psi}_s$，只同时出现在定子电压公式之中。这种参考系的选取常常用于同步电机中。

$$\vec{u}_s = \vec{i}_s R_s + \frac{\mathrm{d}\vec{\Psi}_s}{\mathrm{d}t} + j\omega \vec{\Psi}_s \qquad (4\text{-}50)$$

$$\begin{cases} \vec{\Psi}_s = L_s \vec{i}_s + L_m \vec{i}_r \\[2ex] \vec{u}_r = \vec{i}_r R_r + \frac{\mathrm{d}\vec{\Psi}_s}{\mathrm{d}t} \\[2ex] \vec{\Psi}_r = L_m \vec{i}_s + L_r \vec{i}_r \end{cases} \qquad (4\text{-}51)$$

如果重新在复平面中定义模型公式，坐标转换为：$\vec{u} = u_d + ju_q$；$\vec{i} = i_d + ji_q$；$\vec{\Psi} = \Psi_d + j\Psi_q$。

$$u_{s_d} = i_{s_d} R_s + \frac{\mathrm{d}\Psi_{s_d}}{\mathrm{d}t} - \omega \vec{\Psi}_{s_d} \qquad (4\text{-}52)$$

$$u_{s_q} = i_{s_q} R_s + \frac{\mathrm{d}\Psi_{s_q}}{\mathrm{d}t} - \omega \vec{\Psi}_{s_q} \qquad (4\text{-}53)$$

值得注意的是，$\vec{\Psi}_{s_q}$ 由虚轴产生。如果没有复平面，例如用定子的参考系，在 d 轴和 q 轴的耦合将不复存在，因为不需要将向量公式（4-50）拆分为 d 轴和 q 轴的分量。

（3）在正常异步电机工作过程中，所有向量以同步速度 ω_1 旋转。在这种情况下，选取坐标系以同步速度旋转，会简化系统模型，即 $\omega_k = \omega_1$。因此所有向量在正常运行中都是常量。电压公式变为：

$$\vec{u}_s = \vec{i}_s R_s + \frac{\mathrm{d}\vec{\Psi}_s}{\mathrm{d}t} + j\omega_1 \vec{\Psi}_s \qquad (4\text{-}54)$$

$$\vec{u}_\gamma = \vec{i}_r R_\gamma + \frac{\mathrm{d}\vec{\Psi}_\gamma}{\mathrm{d}t} + js\omega_1 \vec{\Psi}_\gamma \qquad (4\text{-}55)$$

其中，$s\omega_1 = \omega_1 - \omega$，$s$ 为滑移因子（Slip）。同时转子公式可以变为：

$$\frac{\vec{u}_r}{s} = \vec{i}_r \frac{R_r}{s} + j\omega_1 \vec{\Psi}_r \tag{4-56}$$

公式（4-56）为异步电机等效电路的工作状态。异步电机的等效电路如图 4-14 所示。

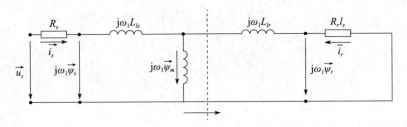

图 4-14　异步电机的等效电路

从上述公式不难看出用相同的参考坐标系，电机公式可以转化为一个简单的变压器公式。对于动态或者瞬态分析，我们需要采用磁通量的等效电路，而不是电压的等效电路。用公式 $\vec{i}_s + \vec{i}_r = \vec{i}_m$，$\vec{i}_m L_m = \vec{\Psi}_m$，来转换之前的电压公式。第一个公式是转子和定子产生的向量化的磁感应电流，第二个公式为磁场的磁通量。因此公式（4-48）和公式（4-49）可以转化为：

$$\vec{\Psi}_s = \vec{i}_s L_s + (\vec{i}_m - \vec{i}_s) L_m = \vec{i}_s (L_s - L_m) + \vec{i}_m L_m = \vec{i}_m L_m + \vec{i}_s L_{ls} \tag{4-57}$$

$$\vec{\Psi}_r = (\vec{i}_m - \vec{i}_r) L_m + \vec{i}_r L_r = \vec{i}_m L_m + \vec{i}_r (L_r - L_m) = \vec{i}_m L_m + \vec{i}_r L_{lr} \tag{4-58}$$

根据公式（4-57）和公式（4-58），磁通量等效电路如图 4-15 所示。静态条件下向量化的电压和磁通量如图 4-16 所示。基于图 4-16，同步速度坐标系 $\omega_k = \omega_1$，所有的向量为常量，电压和转子的公式为：

$$\vec{u}_s = \vec{i}_s R_s + j\omega_1 \vec{\Psi}_s \qquad (4\text{-}59)$$

$$0 = \frac{\vec{u}_r}{s} = \vec{i}_\gamma \frac{R_r}{s} + j\omega_1 \vec{\Psi}_\gamma \qquad (4\text{-}60)$$

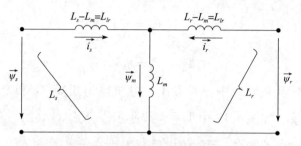

图 4-15 异步电机的磁通量等效电路

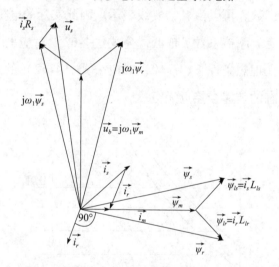

图 4-16 静态条件下向量化的电压和磁通量

4.3 电机控制

4.3.1 直流电机控制

1. 定流定子电压控制

假定在不同的负载情况下，恒定电枢电流供应能得到保障，那么就能控制电压从而控制电机功率。如图 4-9 所示，如果电流为恒定，那么非线性系统变为线性系统。电流的反馈效果被抵消掉，因为恒定电流由外部装置来保障。这种控制方法的缺点是需要成本比较高的整流器来保证电流。在电机到达稳定状态下，电机的输出扭矩为：

$$T_M = \frac{K}{R_e} v_e \qquad (4\text{-}61)$$

$$T_M - T_L = f\omega \qquad (4\text{-}62)$$

从公式（4-61）中不难看出，电机输出扭矩 T_M 和定子电压 v_e 为线性关系，如图 4-17 中水平直线所示。公式（4-62）可以由虚线表示，斜率由 f 表示，起始值由负载大小决定。通常负载大小 T_L 为转速的递增函数，可以由抛物实线表示。因此实际的电机运转由 v_e、T_L 以及 f 决定。摩擦系数 f 越低，公式（4-62）对应的运转特性线斜率越小。在理想条件下，$f = 0$，对应公式（4-62）的曲线接近水平，那么稳态的转速会接近无穷。

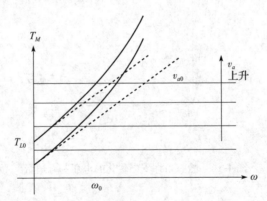

图 4-17　定流定子电压控制下扭矩和转速的稳态关系

线性方框图可以固定 i_a 电流，从图 4-9 演变而来，如图 4-18 所示。很容易发现，系统传递函数只是图 4-9 上的一支。

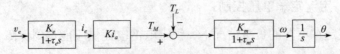

图 4-18　恒定励磁电流下的电机系统方框图

整个系统的传递函数矩阵可以推导为:

$$\theta(s) = (W_1(s), W_2(s)) \begin{pmatrix} v_e \quad (s) \\ T_L \quad (s) \end{pmatrix} \tag{4-63}$$

式中　$W_1(s) = \dfrac{K_{AC}}{s(1+\tau_e s)(1+\tau_m s)}$, $K_{AC} = K_e K k_m i_a$;

$$W_2(s) = \frac{K_m}{s(1+\tau_m s)} \circ$$

2. 定压定子电压控制

对于恒定电枢电压定子电压控制,转子电压保持恒定。由图 4-9 能很快得出这个系统仍然是非线性系统。对非线性系统采取线性化的手段能得到线性模型,同时在稳态时需要满足以下关系:

$$v_{e0} = R_e i_{e0} \tag{4-64}$$

$$v_{a0} = R_a i_{a0} + K i_{e0} \omega_0 \tag{4-65}$$

$$T_{M0} = K i_{e0} i_{a0} \tag{4-66}$$

$$T_{M0} - T_{L0} = F \omega_0 \tag{4-67}$$

对于上述条件,采用分离变量法(忽略二阶以上的高阶项)能得到在运行工况点附近的线性化方程:

$$\delta v_e = R_e \delta i_e + L_e \delta i_e \tag{4-68}$$

$$0 = \delta v_a = R_a \delta_a + L_a \delta i_a + K(i_{e0} \delta \omega + \omega_0 \delta i_e) \tag{4-69}$$

$$\delta T_M = K(i_{e0} \delta i_a + i_{a0} \delta i_e) \tag{4-70}$$

$$\delta T_M - \delta T_L = F \delta \omega + J \dot{\delta \omega} \tag{4-71}$$

其中,角标 0 表示运转工况点的值,δ 表示在此值附近的变化量。

当电机在稳态时,扭矩变化量 δT_M、定子电压变化量 δv_e 以及转子转速变化量 $\delta \omega$ 可以通过让所有时间导数项为零而获得。

$$\delta T_M = K \frac{R_a i_{a0} - Ki_{e0}\omega_0}{R_e R_a}\delta v_e - \frac{(Ki_{e0})^2}{R_a}\delta\omega \qquad (4\text{-}72)$$

公式（4-72）可以由图4-19表示。由图可得，降低定子电压 δv_e 可以增加扭矩输出。同时可以得出，随着转速增加，扭矩降低，同时能降低系统需要的驱动功率，进而降低转速。

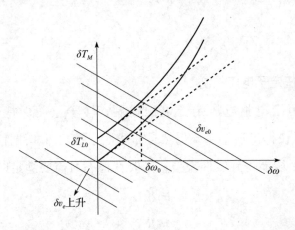

图4-19　定压定子电压控制下扭矩和转速的稳态关系

　　乘积线性化后的系统方框图可以由图4-20表示。因此，线性化公式（4-63）至公式（4-71）可以表示为图4-21。根据图4-21，扭矩变化量 δT_M、定子电压变化量 δv_e 以及转子转速变化量 $\delta\omega$ 可以计算得到：

$$\delta T_M = KK_e \frac{(1 + \tau_a s)i_{a0} - KK_a i_{e0}\omega_0}{(1 + \tau_a s)(1 + \tau_e s)}\delta v_e - K_a \frac{(Ki_{e0})^2}{1 + \tau_a s}\delta\omega \quad (4\text{-}73)$$

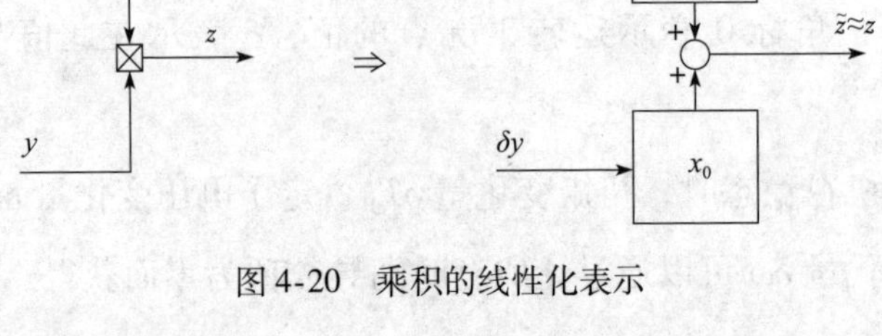

图4-20　乘积的线性化表示

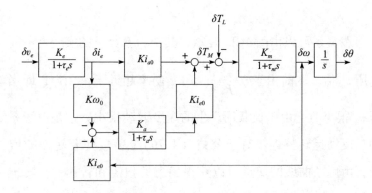

图 4-21　恒定电压控制的直流电机线性系统方框图

系统的传递函数可以表述为：

$$\frac{\delta\omega}{\delta v_e} = \frac{K_m K_a K\left[\,(1 + \tau_a s)\,i_{a0} - KK_a\,i_{e0}\omega_0\,\right]}{(1 + \tau_e s)(1 + \tau_m s)(1 + \tau_a s) + K_m K_a\,(K\,i_{e0})^2}$$

$$\frac{\delta\omega}{\delta T_L(s)} = -K_m\,\frac{(1 + \tau_a s)}{(1 + \tau_m s)(1 + \tau_a s) + K_m K_a\,(K\,i_{e0})^2} \tag{4-74}$$

3. 电枢电流控制

电枢电流控制是常用的直流电机控制方法。这种方法能让电机磁通量保持恒定。为达到这个目的，通常定子电压保持恒定，或者定子绕组由永磁体代替。定子由永磁体代替的直流电机成为永磁直流电机，电机只由定子线圈驱动。永磁直流电机等同于电枢电流控制的直流电机，因为两者的磁通量为常量。两者的不同之处在于，常规直流电机扭矩可以由定子电流或者转子电流来独立或者共同控制。但是永磁直流电机只能由转子绕组线圈来控制。由于转子线圈很难冷却，因此永磁直流电机的性能会被散热问题限制。

对于稳态系统，电枢电流控制的直流电机的时间导数项为零，可以得到以下公式：

$$T_M = \frac{K_\phi \Phi}{R_a} v_a - \frac{(K_\phi \Phi)^2}{R_a}\omega \tag{4-75}$$

$$T_M - T_L = F\omega \tag{4-76}$$

稳态关系可以由图 4-22 表示，其中斜率为负的实线是不同的电

枢电压 v_a 值。同时由于 $\dfrac{(K_\Phi \Phi)^2}{R_a} \gg 1$，斜率趋近于负无穷，即当输入

电压 v_a 很小时，由于负载而产生的速度波动很小，这是由于系统内部的负反馈运转特性。对于公式（4-76），负载随着转速的增长而增长，由两条曲线的交点可以获得稳态的扭矩和转速。在转子中有最大的电流值，转子的功率可以表示为 $R_a i_a^2$，因此扭矩由最大的电流值决定。系统方框图可以表示为图 4-23。

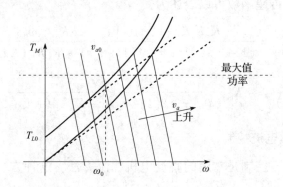

图 4-22　电枢电流控制下扭矩和转速的稳态关系

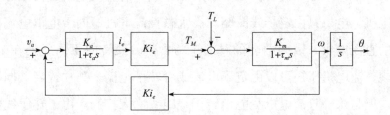

图 4-23　电枢电流控制的直流电机线性系统方框图

对于该方法，系统的传递函数可以表述为：

$$\omega(s) = (W_1(s), W_2(s)) \begin{pmatrix} v_a(s) \\ T_L(s) \end{pmatrix} \tag{4-77}$$

式中　　　$W_1(s) = \dfrac{K_a K_{\varPhi} \varPhi K_m}{(1 + \tau_a s)(1 + \tau_m s) + K_a K_m (K_{\varPhi} \varPhi)^2}$；

　　　　　　$W_2(s) = \dfrac{K_m(1 + \tau_a s)}{(1 + \tau_a s)(1 + \tau_m s) + K_a K_m (K_{\varPhi} \varPhi)^2}$。

4. 直流电机非线性控制——滑模控制

　　由于模型误差、测量参数的不确定性，传统线性控制器（如比例积分控制）对参数的变化非常敏感，容易导致控制效果不佳。滑模控制（Sliding Mode Control，SMC）也叫变结构控制，是一类特殊的非线性控制，且非线性表现为控制的不连续性。这种控制策略与其他控制的不同之处在于系统的"结构"并不固定，而是可以在动态过程中，根据系统当前的状态（如偏差及其各阶导数等）有目的地不断变化，迫使系统按照预定"滑动模态"的状态轨迹运动。由于滑动模态可以设计且与对象参数及扰动无关，这就使得滑模控制具有快速响应，对应参数变化及扰动不灵敏，无须系统在线辨识，物理实现简单等优点。

　　实现方式是采用高速控制输入切换，来改变系统运动状态轨迹，让系统沿预设的状态路径（平面）移动。图 4-24 为单一输入系统的切换表面，为一根直线。当运动状态未达到切换平面时，处于

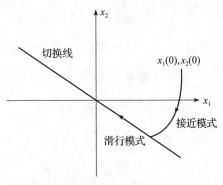

图 4-24　滑模控制

接近模态；当系统在切换平面（线）上时，成为滑行模态。滑模控制的抗干扰特性和鲁棒性大大应用于电机的转速和转角控制。

假定一个二阶系统为：

$$\ddot{x} = f(\dot{x}, x, t) + bu(t) \tag{4-78}$$

假设 $b > 0$，$u(t)$ 为系统输入，那么滑模控制的结构可以选取为：

$$u = -k\mathrm{sgn}(S) + u_{eq} \tag{4-79}$$

其中，u_{eq} 被称为等效控制，用于让切换方程的倒数等于零。k 是符号为正的常数，表示控制输入的上限和下限。S 为切换函数。控制输入切换取决于切换函数的正负，即对控制输入在系统经过 $S=0$ 平面时进行换向。通常控制目标是让系统沿平面 S 运动：

$$S = \dot{e} + \lambda e \tag{4-80}$$

e 为系统跟踪误差，即目标值与实际值的差别。λ 为常数。$\mathrm{sgn}(S)$ 为符号函数，定义如下：

$$\mathrm{sgn}(S) = \begin{cases} -1 & (S < 0) \\ 1 & (S > 0) \end{cases} \tag{4-81}$$

控制目的是强制让系统移动到滑行表面，因此滑模控制要保证系统向滑行表面移动并保持在滑行表面上的条件为：

$$S\dot{S} \leqslant -\eta |S| \tag{4-82}$$

η 是符号为正的常数，公式（4-82）能保证系统在有限时间内到达滑行平面。采用符号方程在实际应用中会产生抖振现象。通常解决方法是在切换平面附近引入一个边界层：

$$u = -k\mathrm{sat}\left(\frac{S}{\Phi}\right) + u_{eq} \tag{4-83}$$

其中，Φ 定义边界层的厚度，$\mathrm{sat}\left(\dfrac{S}{\Phi}\right)$ 为一个饱和方程，定义为：

$$\mathrm{sat}\left(\frac{S}{\Phi}\right) = \begin{cases} \dfrac{S}{\Phi} & \left(\left|\dfrac{S}{\Phi}\right| \leqslant 1\right) \\[2mm] \mathrm{sgn}\left(\dfrac{S}{\Phi}\right) & \left(\left|\dfrac{S}{\Phi}\right| > 1\right) \end{cases} \tag{4-84}$$

这样控制本身就是一个对理想继电控制的连续逼近。上述控制的另一种方法是采用 tan h 方程：

$$u = k\tan h\left(\frac{S}{\Phi}\right) + u_{eq} \tag{4-85}$$

已经被证明，如果 k 足够大，滑模控制器公式（4-79）、公式（4-83）以及公式（4-85）能保证闭环系统渐进稳定。对于一个二阶系统，控制的结构可以如图 4-25 所示。

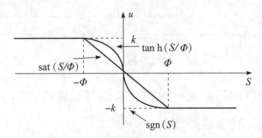

图 4-25　二阶系统滑模控制器

滑模控制在电机控制中的应用：考虑一个简化电机模型，假设电机结构如图 4-26 所示，同时电子系统时间常数大大小于机械系统时间常数，例如，电流动态响应远远快于机械系统动态响应。

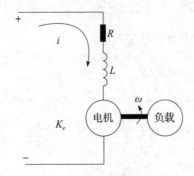

图 4-26　简化直流电机模型

由图可以得到电机动态模型为：

$$L\dot{i} = U - Ri - K_e\omega \tag{4-86}$$

$$J\dot{\omega} = -B\omega + K_t i - T_L \tag{4-87}$$

其中，i 为线圈电流，J 为转动惯量，ω 为电机转速，R 为线圈电阻，L 为线圈电容，U 为电机输入电压，B 为黏性阻力，K_t 为扭矩常数，K_e 为反向电动势，T_L 为负载扭矩。

电机滑模控制系统方框图如图 4-27 所示。

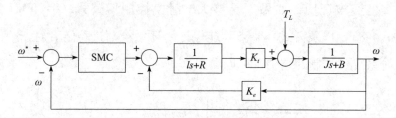

图 4-27　电机滑模控制系统方框图

如果控制目标是让电机跟踪对应的目标转速，那么系统误差为目标转速和实际转速的差值。

$$x_1 = e = \omega^* - \omega \tag{4-88}$$

定义误差的导数：

$$\dot{x}_1 = x_2 = \dot{e} = \dot{\omega}^* - \dot{\omega} \tag{4-89}$$

以及：

$$\dot{x}_2 = \ddot{\omega}^* - \ddot{x}_1 \tag{4-90}$$

对于系统误差的动态系统为：

$$\dot{x}_1 = x_2 \tag{4-91}$$

$$\dot{x}_2 = -a_1 x_1 - a_2 x_2 + f(t) - bU \tag{4-92}$$

其中 $a_1 = \dfrac{RJ + BL}{JL}$；$a_2 = \dfrac{RB + K_e K_t}{JL}$；$b = \dfrac{K_t}{JL}$，同时 $f(t)$ 是基于时间的函数，是目标转速 $\dot{\omega}^*$、负载扭矩 T_L，以及它们的导数：

$$f(t) = \ddot{\omega}^* + a_1\dot{\omega}^* + a_2\omega^* - c\dot{T}_L - dT_L \qquad (4\text{-}93)$$

其中，$c = \dfrac{1}{J}$；$d = \dfrac{R}{JL}$。

滑模控制器可以设计为：

$$S = \lambda e + e = \lambda x_1 + \dot{x}_1 \qquad (4\text{-}94)$$

$$U = k\mathrm{sgn}(S) + U_{eq} \qquad (4\text{-}95)$$

其中 λ 和 k 为常数，λ 决定系统的收敛快慢。公式（4-95）中的第一项为不连续项，用于抗干扰和消除模型误差对控制的影响。第二项为连续项，用于控制系统的响应。系统在滑行平面上时，速度跟踪误差会呈指数级衰减。系统在滑行平面上的运动轨迹不依靠 a_1、a_2、b 以及外界干扰 $d(t)$。为保证滑模控制器的有效性，控制增益 k 必须满足：

$$S\dot{S} < 0 \qquad (4\text{-}96)$$

$$\dot{S} = -a_1x_1 - (a_2 - \lambda)x_2 + d(t) - bk\mathrm{sgn}(S) \qquad (4\text{-}97)$$

因此控制增益 k 必须大于某一范围，即：

$$k > \frac{1}{b}\left| -a_1x_1 - (a_2 - \lambda)x_2 + d(t) \right| \qquad (4\text{-}98)$$

在有限的时间内，系统状态会接近于滑行平面，同时系统响应只取决于 λ。等效控制 U_{eq} 应满足：

$$\dot{S} = 0 \qquad (4\text{-}99)$$

这样能保证系统不离开滑行平面。利用公式（4-94），假设 ω^* 和 T_L 为常数，时间导数均为零，$\dot{S}$ 定义为：

$$\dot{S} = \ddot{e} + \lambda\dot{e} \qquad (4\text{-}100)$$

基于公式（4-96）至公式（4-99）：

$$\dot{S} = (\lambda - a_1)\dot{e} + a_2(\omega^* - e) - bU - dT_L \qquad (4\text{-}101)$$

等效控制为：

$$U_{eq} = U \mid_{\dot{S}=0} = \frac{(\lambda - a_1)\,\dot{e} + a_2(\omega^* - e) - dT_L}{b} \quad (4\text{-}102)$$

4.3.2　交流电机控制

1. 矢量控制

矢量控制（Vector Control，VC）也称为磁场导向控制（Field-oriented Control，FOC），是一种利用变频器（VFD）控制三相交流电机的技术，是指通过调整变频器的输出频率、输出电压的大小及角度，来控制电机的输出。其特性是可以分别控制电机的磁场及转矩，类似他激式直流电机的特性。由于处理时会将三相输出电流及电压以矢量表示，因此称为矢量控制。

利用矢量控制，我们可以用类似于控制他激直流电机的方式来控制交流感应电机及同步电机。在他激式直流电机中，磁场电流及电枢电流可独立控制。在矢量控制中，控制磁场及电枢的电流互相垂直，理论上不会互相影响，因此当控制转矩时，不会影响产生磁场的磁链，因此可以达到快速的转矩响应。

矢量控制会依照方程式中计算的电流矢量，产生三相脉冲宽度调变（Pulse Width Modulation），PWM 的电压提供给电机，目的是控制电机的三相电流。其中电流及电压等物理量会在两个系统之间转换，一个是随速度及时间改变的三相系统，另一个则是二轴非线变的旋转坐标系统。

定子电流的矢量可以用（d，q）轴的坐标系统来定义，其中场磁链的电流分量对正 d 轴（Direct），而转矩的电流分量对正 q 轴（Quadrature）。电机的（d，q）轴坐标可以对应（a，b，c）三相的弦波系统（见图 4-28）。而（d，q）轴的电流矢量一般可以分别用 PI 控制器进行控制，也就是没有微分单元的 PID 控制器。

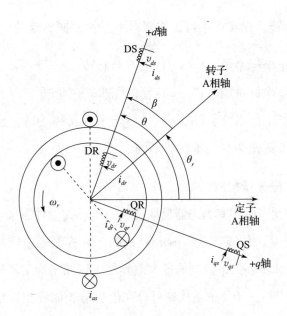

图 4-28　三相交流电机的 (d, q) 坐标系

和 (d, q) 轴的坐标系有关的坐标转换如下：

- 由三相的瞬时电流值转换为（a，b，c）三相的弦波电流矢量。

- 利用克拉克转换，由（a，b，c）三相转换到 (α, β) 二相。在实现矢量控制时一般假设电机没有接地，且三相电流平衡，因此可以只感测三相电流中的二相。(α, β) 二相的坐标互相垂直，α 轴对齐（a，b，c）三相中的 a 相。将 (α, β) 二相转换到（a，b，c）三相的转换则会利用空间矢量 PWM 或是克拉克逆转换来达成。

- 在 (α, β) 和 (d, q) 两个二相系统之间的转换，利用帕克转换及帕克逆转换来达成。

不过也有些系统会直接进行（a，b，c）三相系统及 (d, q) 轴的坐标系统之间的转换及逆转换。(d, q) 轴的坐标系统可以以任何转速旋转，在实务中可以选择以下三种不同转速的坐标系统：

- 静止坐标系统，(d, q) 轴不会旋转。
- 同步坐标系统，(d, q) 轴以同步转速旋转。
- 转子坐标系统，(d, q) 轴以转子的转速旋转，感应电机的转子转速会和同步转速不同。

无传感器矢量控制

矢量控制可以用有编码器反馈转速的闭环矢量控制来实现，也可以用无（速度）传感器（Sensorless）的开环控制器来实现。无传感器矢量控制和闭环矢量控制的最大差异是可以输出额定转矩的最小速度（见图 4-29）。闭环矢量控制可以在电机静止时输出额定转矩，而无传感器矢量控制一般有其最小速度的限制，例如 0.8Hz。

无传感器矢量控制是利用三相电压及输出电流，配合开环估测器（Estimator）或是闭环观测器（Observer）来得到转速的信息，开环估测器会计算转速，但不会做反馈控制，闭环观测器则会计算转速，并依此计算某物理量，利用此计算量的计算值和矢量控制中对应值的差异进行反馈控制。无传感器矢量控制由于不需要有加装编码器的电机，在成本及可靠度上很有竞争力，但对于电流信号的要求也比较高。

直接及间接磁场导向

磁场导向控制可分为两种：分别是直接磁场导向控制（DFOC，也称为回馈磁场导向控制）及间接磁场导向控制（IFOC，也称为前馈磁场导向控制）。间接磁场导向控制可以在从零速到高于电机额定频率以上的弱磁区运作，因此较常使用。

直接磁场导向控制利用电压型或电流型的磁通模型计算磁通大小及角度（见图 4-30）。间接磁场导向控制会先测量定子电流及转

子速度，再利用转子速度及转差率的计算值推导转子角度，然后得
到磁通的角度。

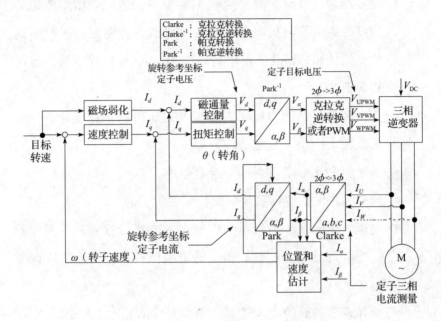

图 4-29　无传感器矢量控制系统方框图

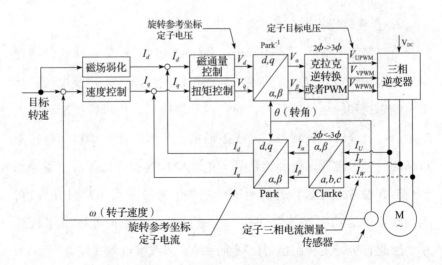

图 4-30　磁场导向控制系统方框图

矢量控制的特点如下：

- 需要测量（或是估测）电机的速度或位置，若估测电机的速度，则需要电机电阻及电感等参数，若要配合多种不同的电机使用，则需要自动调适（Autotuning）程序来测量电机参数。
- 借由调整控制的目标值，转矩及磁通可以快速变化，一般可以在 5 ~ 10ms 内完成。
- 若使用 PI 控制，步阶响应会有过冲。
- 功率晶体的切换频率（载波）一般为定值。
- 转矩的精确度和控制系统中使用的电机参数有关，因此若因为电机温度变化造成转子电阻阻值提高，则会造成误差的变大。
- 对处理器效能的要求较高，至少每 1ms 需执行一次电机控制的算法。

2. 直接转矩控制

直接转矩控制（Direct Torque Control，DTC）是一种变频器控制三相马达转矩的方式。其做法是依测量到的马达电压及电流，计算马达磁通和转矩的估测值，而在控制转矩后，也可以控制马达的速度。在直接转矩控制中，定子磁通由定子电压积分而得。而转矩以估测的定子磁通向量和测量到的电流向量内积为估测值。磁通和转矩会和参考值比较，若磁通或转矩和参考值的误差超过允许值，则变频器中的功率晶体会切换，使磁通或转矩的误差可以尽快缩小。因此直接转矩控制也可以视为一种磁滞或继电器式控制。

直接转矩控制与矢量控制的区别是，它不是通过控制电流、磁链等量间接控制转矩，而是把转矩直接作为被控量进行控制，其实质是用空间矢量的分析方法，以定子磁场定向方式，对定子磁链和电磁转矩进行直接控制。这种方法不需要复杂的坐标变换，而是直接在电机定子坐标上计算磁链的模和转矩的大小，并通过磁链和转矩的直接跟踪实现 PWM 脉宽调制和系统的高动态性能。

直接转矩控制技术用空间矢量的分析方法，直接在定子坐标系下计算与控制电动机的转矩，采用定子磁场定向，借助于离散的两点式调节（Band-band）产生的 PWM 波信号，直接对逆变器的开关状态进行最佳控制，以获得转矩的高动态性能。它省去了复杂的矢量变换与电机的数学模型简化处理，没有通常的 PWM 信号发生器。它的控制思想新颖，控制结构简单，控制手段直接，信号处理的物理概念明确。直接转矩控制也具有明显的缺点，即转矩和磁链脉动。

在直接转矩控制中，电机定子磁链的幅值通过上述电压的矢量控制而保持为额定值，要改变转矩大小，可以通过控制定子、转子磁链之间的夹角来实现，而夹角可以通过电压空间矢量的控制来调节。由于转子磁链的转动速度保持不变，因此夹角的调节可以通过调节定子磁链的瞬时转动速度来实现。

假定电机转子向逆时针方向旋转，如果实际转矩小于给定值，则选择使定子磁链向逆时针方向旋转的电压矢量，这样角度增加，实际转矩增加，一旦实际转矩高于给定值，则选择使定子磁链向反方向旋转的电压矢量，从而导致角度降低。通过这种方式选择电压矢量，定子磁链一直旋转，且其旋转方向由转矩滞环控制器决定。

直接转矩控制对转矩和磁链的控制要通过滞环比较器来实现。滞环比较器的运行原理为：当前值与给定值的误差在滞环比较器的容差范围内时，比较器的输出保持不变，一旦超过这个范围，滞环比较器便给出相应的值。

　　直接转矩控制的原理框图如图 4-31 所示，给定转速与估计转速相比较，得到给定转矩；经转矩调节器对转矩差做滞环处理得到转矩控制信号；将磁链估计值与给定磁链相比，经滞环比较器得到磁链控制信号；根据计算得到的转子位移划分区段；根据区段、转矩控制信号和磁链控制信号，结合查找表得出空间矢量，生成 PWM 波；将 PWM 波输出给逆变器，给电机供电。

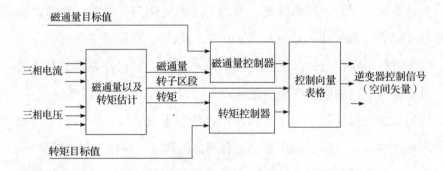

图 4-31　直接转矩控制

　　与 VC 系统一样，DTC 系统也是分别控制异步电动机的转速和磁链，但在具体控制方法上，DTC 系统与 VC 系统的不同特点如下。

　　（1）转矩和磁链的控制采用双位式砰 - 砰控制器，并在 PWM 逆变器中直接用这两个控制信号产生电压的 SVPWM 波形，从而避开了将定子电流分解成转矩和磁链分量，省去了旋转变换和电流控制，简化了控制器的结构。

　　（2）DTC 系统选择定子磁链作为被控量，而不像 VC 系统那样选择转子磁链，这样一来，计算磁链的模型可以不受转子参数变化的影响，提高了控制系统的鲁棒性。如果从数学模型推导按定子磁链控制的规律，显然要比按转子磁链控制时复杂，但是，由于采用了砰 - 砰控制，这种复杂性对控制器并没有影响。

　　（3）由于采用了直接转矩控制，DTC 系统在加速、减速或负载变化的动态过程中，可以获得快速的转矩响应，但必须注意限制过大的冲击电流，以免损坏功率开关器件，因此实际的转矩响应的快速性也是有限的。

（4）定子坐标系下分析电机的数学模型直接控制磁链和转矩，不需要和直流机比较、等效和转化，省去了复杂的计算。

性能比较

从总体控制结构上看，DTC 系统和 VC 系统是一致的，都能获得较高的静态、动态性能，详见表 4-2。

表 4-2　直接转矩控制与矢量控制的对比

比较属性	直接转矩控制（DTC）	矢量控制（VC）
转矩响应	非常快	快
参考系坐标	Alpha、beta（定子）	d, q（转子）
低速性能（小于正常工作 5% 的速度）	需要速度传感器做连续制动	需要位置或者速度传感器，不需要连续制动
控制变量	扭矩和磁通量	转子磁通量，转矩电流 iq 和转子电流 id 向量
稳态转矩/电流/磁通量波动	低（对传感器要求比较高）	低
参数敏感度（无传感器）	定子电阻	d, q 电感，转子电阻
闭环控制参数敏感度	d, q 电感，磁通量（适用于接近零转速）	d, q 电感，转子电阻
转子位置测量	不需要	需要（测量或者估算）
电流控制	不需要	需要
脉冲宽度调变	不需要	需要
坐标转换	不需要	需要
开关频率	可以在较大范围内变化	固定
开关损失	低（需要高精度电流传感器）	低
噪声	大频段的嘶嘶声	固定频段的啸叫
控制环路	PID 速度控制	PID 速度控制，转子磁通量 PI 控制，id, iqPI 电流控制
复杂程度	低	高
控制更新周期	10～30ms	100～500ms

思考题 ◎

1. 直流电机建模和交流电机建模有何差别?

2. 何为开环控制? 它在电机控制中如何应用? 如何获得开环控制?

3. 何为闭环控制? 它在电机控制中如何应用? 如何获得闭环控制?

4. 线性控制和非线性控制有何差别?

5. 滑模控制的应用限制有哪些?

6. 矢量控制和直接转矩控制的区别有哪些?

参考文献 ◎

[1]   Krishnan Ramu. Electric Motor Drives:Modeling, Analysis, and Control[M]. Englewood:Prentice Hall, 2001.

[2]   De Doncker R, Pulle D W J, Veltman A. Advanced Electrical Drives:Analysis, Modeling, Control[M]. Heidelberg:Springer Science & Business Media, 2010.

[3]   Electro-Craft Corporation. DC Motors, Speed Controls, Servo Systems[M]. London:Pergamon Press, 1977.

[4]   Jackson J D. Classical Electrodynamics[M]. New York:John Wiley & Sons, 2007.

[5]   Krause P,Wasynczuk O, Sudhoff S D, et al. Analysis of Electric Machinery and Drive Systems[M]. New York:John Wiley & Sons, 2013.

[6]   Veltman A, Pulle D W J, De Doncker R W. Fundamentals of E-lectrical Drives[M]. Boca Raton:CRC Press, 2002.

[7]   Zaccarian Luca. DC Motors:Dynamic Model and Control Tech-

niques [J]. Lecture Notes, 2005(12): 20.

[8]　Gabriel R, Leonhard W, Nordby C J. Field-oriented Control of a Standard ac Motor Using Microprocessors [J]. IEEE Transactions on Industry Applications, 1980(2): 186-192.

[9]　Kubota H, Matsuse K. Speed Sensorless Field-oriented Control of Induction Motor with Rotor Resistance Adaptation [J]. IEEE Transactions on Industry Applications, 1994, 30(5): 1219-1224.

[10]　Utkin V I. Sliding Mode Control Design Principles and Applications to Electric Drives [J]. IEEE Transactions on Industrial Electronics, 1993, 40(1): 23-36.

[11]　Damiano A, Gatto G L, Marongiu I, et al. Second-order Sliding-mode Control of DC Drives [J]. IEEE Transactions on Industrial Electronics, 2004, 51(2): 364-373.

[12]　Toro Garcia X, Zigmund B, Terlizzi A A, et al. Comparison between FOC and DTC Strategies for Permanent Magnet Synchronous Motors [J]. Advances in Electrical and Electronic Engineering, 2006, 5(1-2): 76.

[13]　Vas P. Sensorless Vector and Direct Torque Control [M]. Oxford: Oxford University Press, 1998.

[14]　Garcia X D T, Zigmund B, Terlizzi A A, et al. Comparison between FOC and DTC Strategies for Permanent Magnet Synchronous Motors [J]. Advances in Electrical and Electronic Engineering, 2006, 5(1): 76-81.

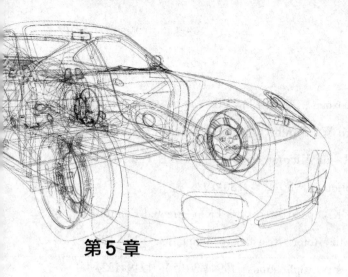

第5章
混合动力汽车控制

混合动力汽车是指同时装备两种动力源——热动力源（由传统的汽油机或者柴油机产生）与电动力源（电池与电动机）的汽车。通过在混合动力汽车上使用电机，动力系统可以按照整车的实际运行工况要求灵活调控，而发动机保持在综合性能最佳的区域内工作，从而降低油耗与排放。

5.1 混合动力汽车的基本原理

从对电能的依赖程度，混合动力可以分为弱混合动力（Micro Hybrid）、中度混合动力（Mild Hybrid）、重度混合动力（Full Hybrid）、插电式混合动力（Plug in Hybrid，PHEV）。

1. 弱混合动力

弱混合动力也称轻度混合动力、软混合动力、微混合动力等。它同时拥有内燃机及电动机两种动力来源，不过它只用内燃机驱动车辆行走，电动机则用作帮助内燃机启动及在内燃机停止运作时提供电力供应车内电器，又称为怠速熄火系统（Start-stop System）。

2. 中度混合动力

中度混合动力不但同时拥有两种以上的能量来源，而且具有两种动力来源可同时驱动车辆（例如一台发动机搭配一台电动机）。其中一种作为主要动力来源，可独立驱动车辆，其他则是次要动力来源，用来补助主要动力，强化性能、减轻负担。中度混合动力有两种设计理念，一种是实用型，以低输出的主要动力配上次要动力后变成标准输出，主要目的是提高能源效率；另一种则是性能型，以标准输出的主要动力配上次要动力后变成高输出，在提高能源效率的同时增进性能表现。

3. 重度混合动力

重度混合动力也称全混合动力、强混合动力（Strong Hybrid）等，是完全成熟的混合动力系统。它既可以完全单靠任一的动力来源作为主要动力，也可以两者同步驱动产生更大的动力。这类系统的控制必须有效地运用各种动力来源，以达到既有适当动力又可节省燃料的目的。由于每种动力来源皆须具备单独推动车辆的能力，所以功率都差不多大，所占据的容量体积也较大。

4. 插电式混合动力

插电式混合动力和充电式电动车一样能靠外来电源为车辆充电，但因为属于混合动力系统，它在缺乏电源时仍可靠内燃机发动机驱动，不用像纯电动车一样非要找到充电站才可以补充能源，其续航力和实用性远比纯电动汽车要高，这是优点，但也因为它是混合动力系统，必须要有电动系统以外的动力装置，所以其缺点是成本和重量会比纯电动车大。

5.1.1　混合动力汽车的动力系统分类

1. 并联式混合动力系统

在并联式混合动力（Parallel Hybrid）系统中，内燃机及电动机输出的动力可以通过各自的动力传输途径独立地将驱动扭矩传递给驱动轮，内燃机及电动机的动力各自分开、互不相干，因此被称作并联式混合动力系统，如图 5-1 所示。内燃机和电动机的动力最后由减速装置合并在一起。并联式混合动力系统通常都不能独立驱动车辆行驶，往往会被归类为中度混合动力。

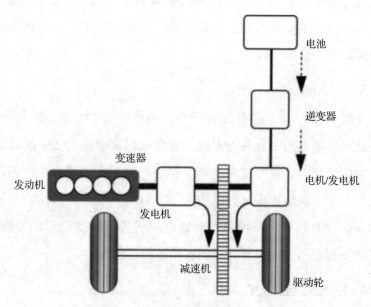

图 5-1　并联式油电混合动力系统

常见的一种并联式混合动力设计是以内燃机作为主要动力来源，电动机作为辅助动力来源，两者通过机械传动系统进行耦合。系统中并无专为电池充电用的发电机，在行驶时，电池充电来源只有两项：其一是靠再生制动系统在车辆减速、制停时，将动能转化为电能。其二是当内燃机仍有余力时，带动电动机转动而发电。再生制动所得的电量相当有限，第二种情况所得的电量也不会太多。由于充电能力有限，此类设计倾向于使用较小的电池容量以及较低功率的电动机，电动机只作为补助性角色，不能独自推动车辆。此系统的优点在于：内燃机可以怠速熄火，提高内燃机启动时的燃油效率及降低损耗，使用再生制动系统回收电能。电动机能与内燃机一起运作，可以在需要时加大马力。由于主要动力来源依旧是内燃机，因此此类设计保留了内燃机在高转速时较省燃料的特性，有利于在高速公路上行走。综合而言，相对于同动力的纯内燃机汽车，补助型混合动力系统的燃料消耗与碳排放量较低。由于此类设计所使用的电池和电动机的容量及功率都较小，重量也较轻，因而降低了额外负载。另外，此类设计并不需要大幅改动纯内燃机汽车的动力系统，因此设计变更的成本也较低。

　　另一种设计是内燃机和电动机各自分别推动不同的轮轴，两者通过车轮与地面的接触进行耦合（Couple Through the Road）。在行驶时，电池可靠再生制动系统充电，另一种充电方式是当内燃机在低负载状况下推动车辆行走时（如巡航），连着电动机的轮轴被地面带动而转动，此时，电动机便可发电为电池充电。由于内燃机的输出是经过路面传至电动机的，因此得名"Through the Road"。除了能够通过再生制动系统回收电能外，此类设计的另一个好处是四轮驱动性。由于前后轮轴都有动力，因此在某些情况下拥有四轮驱动的循迹性能（Traction），有些类似设计甚至没有电池，例如日产的 e-4WD 系统，直接用发电机推动电动机以推动后轮，内燃机则推动前轮及发电机。然而，此系统最大的问题在于，两轮轴的动力往往难以完美协调而造成能量损耗，因此在燃油效率的表现上受到一定程度的限制。

2. 串联式混合动力系统

串联式混合动力（Series Hybrid）系统由一台功率仅供满足行进时平均功率的内燃机（也可以是外燃机）作为发电机发电，电力用以为电池充电及供电给电动机，车上唯一推动车轮的是电动机（见图5-2）。

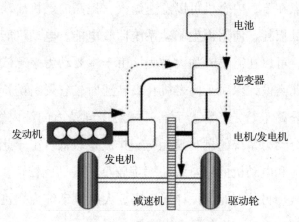

电池
逆变器
发动机
发电机
电机/发电机
减速机
驱动轮

图 5-2　串联式混合动力系统

如果从电动车的角度来看，这种设计可以改善电池行走里程数的不足，故称为增程型电动系统；而其输出动力的流程在构造上完全是一条直线，所以又称为串联式混合动力系统。依其电池容量大小进行区分，如果电池容量小而不足以独自推动电动机，就是中度串联式混合动力系统；如果电池容量大到足以推动电动机行走一段距离，就是重度串联式混合动力系统。

由于此种系统所需的电池及电动机的功率较大，所以成本较高。由于引擎仅负责稳定运转发电，因此可以较好地控制排污及提高效率，而引擎配置的位置也较灵活，加上电动机的输出有高扭力，省却了机械传动系统及变速箱，能增加车厢容量及使布置合理化，简化了机械维护和驾驶操纵，而且没有了变速箱换挡时动力不连贯的感觉，这些都是因以电动机推动而得到的与纯电动汽车一样的好处。

在耗油量方面，这种系统特别适合于需要不停地启动及停车的情况，例如巴士，因为相比内燃机，电动机的扭力及效率在相当大的转速范围内都能保持相当高，可使车辆在启动及减速时比内燃机有更佳的表现，而用于发电的内燃机可保持平稳转速而保持高效率，以英国双层巴士的经验可减少40%的燃油消耗。但在高速公路上，串联式混合动力系统的能量经过多重转换：发电机损耗、电池充电损耗、电池放电损耗、电动机的转换效率等，而传统内燃机车辆只有内燃机的损耗及机械转输的效率（一般约95%），所以串联式混合动力系统适合在市区内使用，但在高速公路上的情况就无甚得益。

3. 混联式混合动力系统（动力整合/分配式混合动力系统）

混联式混合动力（Series- parallel Hybrid）系统，又称为动力整合式混合动力系统或动力分配式混合动力（Power- split Hybrid）系统，系统同时拥有功率相当的发动机与马达，所以可依据路况选择使用电动模式、汽油（或柴油）模式或混合模式；设有由内燃机推动的发电机，产生充电或电动机所需电力。它兼具并联式及串联式混合动力系统的功能及特性，因而得名混联式混合动力系统（见图5-3）。

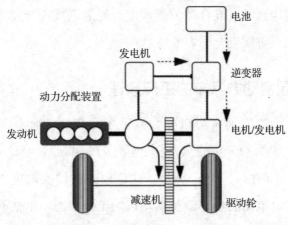

图 5-3　混联式混合动力系统

在起步或低速时，内燃机的效率低，所以会全由低速性能及效率较佳的电动机推动，从而达到提高效率和节省燃料的目的。视电池状况而定，内燃机会在需要时推动发电机向电池充电或直接向电动机供电，亦即串联式混合动力系统。当车速提高至内燃机能在高效率的转速下工作时就转由内燃机推动，相比继续以电动机推动，改由内燃机推动可以免却电动机推动时因多次能量转换而产生的能量损耗（在燃料发电推动电动机的过程中，化学能通过内燃机转化为动能，动能通过发电机转化为电能，电能通过电动机最后转化为动能，每次转换都会有损耗；若是先给电池充电再由电池供电的话，更是增加了充放电时的损耗），提高效率，减少耗油量。而当需要时，例如加速及爬坡时，电动机可以同时开动，增加额外马力，亦即并联式混合动力系统。

马达提供了怠速熄火系统及制动再生功能，在停车或以电动机推动时关闭内燃机，在减速、刹车、下坡时进行动能回收。内燃机不必兼顾启动及低速的需要，可以进一步优化高转速时的需要，提高燃油效率及性能，也同时降低污染物的排放。

由于各推动单元都能各自独力推动整部车，因此混联式混合动力也必然能达到重度混合动力的程度。但混联式混合动力系统并不是唯一可达至重度混合动力的技术。

5.1.2 混合动力汽车的工作原理

混合动力汽车通常可以分为五种工作模式：启动模式（Starting）、巡航模式（Cruising）、超车模式（Passing）、制动模式（Braking）以及驻车模式（Stopped）。这些模式的切换取决于驾驶员的驾驶行为、电池储能状态以及发动机的工作状态。电池能量来源于电机发电；发电过程发生在正常驾驶模式、巡航模式以及制动模式。通常电机作为驱动时，电池能量需要高于一定的储能范围；当电池能量低于一定范围时，电机作为发电机为电池充电。

在启动模式下，当电池能量满足条件时，汽车由电机驱动行驶，发动机处于熄火状态。这样有利于降低燃油消耗以及发动机冷启动排放。

在巡航模式下，发动机作为主要的动力源为车辆提供动力，同时发动机会发动高效工作区间给电机充电。

在超车模式下，为了获得更多的动力输出，发动机和电机同时为车辆提供动力。

在制动模式下，电机为发电机工作模式，回收车辆动能来为电池充电。

5.2 车用内燃机的工作原理

车用内燃机通常为四冲程汽油机或者柴油机。内燃机的工作循环由进气（Intake）、压缩（Compression）、燃烧和膨胀做功（Powers Stroke）、排气（Exhaust）等过程组成。这些过程中只有膨胀过程是对外做功的过程，其他过程都是为了更好地实现做功过程而需要的过程。按实现一个工作循环的行程数，工作循环可分为四冲程和二冲程两类。

四冲程是指在进气、压缩、膨胀做功和排气四个行程内完成一个工作循环，此间曲轴旋转两圈。在进气行程时，进气门开启，排气门关闭。流过空气滤清器的空气，或与汽油混合形成的可燃混合气，经进气管道、进气门进入气缸；在压缩行程时，气缸内气体受到压缩，压力增高，温度上升；膨胀行程是在压缩上止点前喷油或点火，使混合气燃烧，产生高温、高压，推动活塞下行并做功；在排气行程时，活塞推挤气缸内废气经排气门排出。此后再由进气行程开始，进行下一个工作循环（见图5-4）。

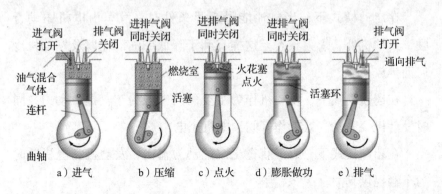

a）进气　　b）压缩　　c）点火　　d）膨胀做功　　e）排气

图5-4　发动机工作原理

通常发动机的稳态运转特性由转速和扭矩来决定。如图5-5所示，发动机效率曲线由发动机转速和输出扭矩决定。对于相同的功率输出，存在最佳发动机效率点。对于传统动力系统，为了在满足发动机动力输出的同时达到比较好的燃油经济性，通常利用变速器的不同挡位来调整发动机的工作点。这样使得发动机工作区间更靠近最佳效率区间，即同时满足汽车的低速扭矩以及最高速等驾驶性能指标。

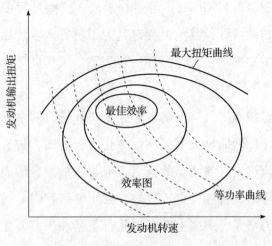

图5-5　发动机工作特性图

　　对于混合动力汽车，发动机可以和电机耦合，部分能量输入为回收的电能，这样能在满足输出动力的同时达到比较好的节能效果。在发动机和电机耦合的工作过程中需要优化发动机和电机的工作过程，同时达到实时工作过程中的最小油耗。

5.3　混合动力系统建模

　　基于不同的仿真要求，通常混合动力系统的数学模型可以分为三个阶段。

　　详细的系统模型用于系统开发的最初阶段，其中包含详细的发动机燃烧动力学模型、进排气模型以及电机的电磁模型等。此类模型的目的在于提供系统以及部件的详细特性。

　　软件在环模型（Software in the Loop）通常用于第二阶段系统仿真，早于系统硬件开发。用于验证系统模型以及控制器设计在仿真下的性能以及可靠性。

　　硬件在环模型（Hardware in the Loop）通常用于控制器硬件测试以及验证。

　　三种模型都需要详细的系统建模，建模可以分为运动学模型（逆向模型）、准静态模型（正向模型）和动态模型。

5.3.1　运动学模型

　　运动学模型如图 5-6 所示，此模型为逆向模型。模型输入为车速、道路坡度等。发动机转速由车速和变速器传动比来决定。用于驱动车辆前进的驱动扭矩由汽车行驶的特性决定，如车的质量、气动阻力以及行驶阻力。发动机油耗可根据发动机转速和扭矩通过查发动机的特性图来获得，同时排放也可以由同样的方式获得。运动学模型假设汽车行驶能达到目标车速，即实际车速为已知条件，这样可以减少计算量。运动学模型（逆向模型）能保证汽车速度和目标车速一致，但是不能保证实际情况中的车速满足目标值，因为实际发动机的动态响应不一定能达到模型计算出来的发动机的转速和扭矩输出。通常在仿真计算中，会加上一些"安全保护"，用于限制发动机和电机的工作范围。当计算得到的发动机和电机的工作参数超过实际工作范围时，仿真计算就会停止。运动学模型的另一个不足之处在于没有考虑发动机的热效应，例如发动机在冷机和热机中不同的工作特性。因为过于简化导致模型与实际情况偏差较大，因此运动学模型适用于对动力系统优化和排放的初期评估。

图 5-6 运动学模型

5.3.2 准静态模型

准静态模型如图 5-7 所示，其中包括驾驶员模型，用于让整车模型跟踪目标车速（Desired Speed）。通常驾驶员模型由比例积分微分（PID）控制器驱动油门踏板和制动踏板，来调节实际车速和目标车速之间的误差。油门踏板信号和制动踏板信号用于产生需求的功率输入。通常功率通过计算微分动态公式得来。一旦发动机驱动力矩和转速确定后，发动机的油耗和排放可以由发动机的静态运转特性图得到。准静态模型能提供一个相对可靠的油耗和排放（NO_x）的结果，但是对于碳烟排放、瞬态加速、涡轮滞后等问题，还是有局限性。这些问题需要利用更详细的模型来对发动机的动态燃烧建模才能解决。

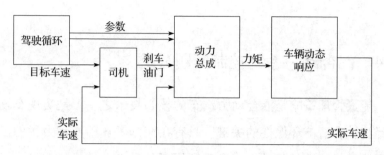

图 5-7　准静态模型

5.3.3　动态模型

　　对于动态模型，发动机瞬态模型和整车动力模型一起来表述准确的瞬态特性。通常发动机由各个详细的一维流体动力学模型组成，包括燃烧动力模型、进排气模型、涡轮模型等。各个子模型之间由气路管道连接。各个子系统通过质量守恒、动量守恒以及能量流动来相互耦合。各个子系统的温度、压力、流量、做功和损耗都能通过计算有限子系统微分方程而得来。这样的建模方法能很好地表征以及描述车辆、发动机的瞬态响应。动态模型需要大量的计算资源，通常用于发动机开发以及研发。从混合动力系统控制来讲，准静态模型能很好地平衡模型精确性和计算成本（见图 5-8）。

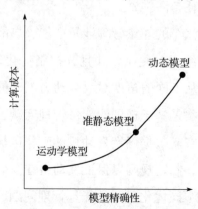

图 5-8　模型精确性和计算成本

5.4 混合动力系统控制问题分类

能量管理策略是混合动力汽车的核心技术之一，是实现车辆燃油经济性和清洁环保性的关键。只有在充分了解不同动力源的工作原理及工作特性的基础上，合理利用两种动力源的优势，采取行之有效的控制策略，才能达到预想的控制目标。混合动力汽车的能量管理策略对于能量的节省与效率的优化主要体现在以下几个方面。

（1）考虑电机电池组响应快、低速输出扭矩大，而发动机响应慢、启动扭矩小等特点，利用电机实现车辆的快速起步或加速，保证发动机始终工作于高效率状态下，弥补车辆功率峰值的波动需求，实现发动机的高效率、低排放。

（2）实现部分工况下的纯电动行驶，使发动机在相应工况下实现零能耗、零排放。

（3）汽车在下坡、减速、制动过程中，利用电动机回收制动过程中的能量损耗，并对电池进行充电。

（4）利用电机的快速启停特性，避免发动机经常处在城市怠速工况下而产生高油耗与高排放。

由于混合动力汽车的能量管理涉及电能、热能、机械能等能量的转化与控制，系统十分复杂，并且其控制优化目标也各有不同。因此，大量的文献从不同的角度对混合动力汽车能量管理问题进行了定义与描述。一类是基于规则的能量管理问题，通常将问题描述为依据工程经验或实验数据确定发动机的工作区域，通过电动机协调控制其工作模式，制定规则以保证发动机在高效范围内工作。另一类是将其描述为不同优化目标的能量管理问题，可以通过对两种动力的合理分配实现混合动力汽车的能量优化，也可以将电池荷电状态（State of Charge，SOC）作为优化函数的约束条件或其中的加权项，以及综合考虑车辆的启动、换挡等瞬态过程中的能量消耗和车辆的驾驶性能、质量、排放等因素，将混合动力汽车能量管理问题描述为一个多目标综合优化问题。

一般地，混合动力汽车的动态模型可表示如下。

连续时间：

$$\dot{x}(t) = f[x(t), u(t)], \quad 0 \leqslant t \leqslant T \tag{5-1}$$

离散时间：

$$x(k+1) = f[x(k), u(k)], \quad k = 1, 2, \cdots, N \tag{5-2}$$

其能量管理问题可概括为如下优化问题：

$$\min_{x,u} J(x, u) \tag{5-3}$$
$$\text{s.t.} \quad G(x) \leqslant 0$$

其中，$x \in X$ 为系统的状态变量，通常表示为电池的电量 SOC，$u \in U$ 表示控制变量，通常为功率需求或转矩需求的分配比，$G(x)$ 表示约束条件，比如，电机的功率与转速限制、发动机转矩与转速限制、SOC 终值约束等。

能量管理问题的控制目标由成本函数 $J(x, u)$ 表示，考虑不同影响因素或不同优化目标的成本函数具有不同的选取和表达方式。

5.4.1　等效油耗的能量管理问题

将能量管理问题表达为发动机的油耗与电机等效油耗成本之和，即把等效油耗控制问题表述为如下优化问题：

$$\min_{u} J(t, u) = \Delta E_f(t, u) + s(t) \Delta E_e(t, u) \tag{5-4}$$

其中，$\Delta E_f(t, u)$ 为 Δt 时间内的发动机油耗，$\Delta E_e(t, u)$ 为 Δt 时间内的电能消耗，分别由发动机与电机 Map 图获得，u 为控制转矩，$s(t)$ 为随时间变化的能量转化等效因子。为自适应等效油耗能量管理问题，考虑在充、放电过程中的等效因子是不同的情况，将连续时间内的系统问题描述为：

$$\min_{\{P_{ice}(t),P_{em}(t)\}} J = \dot{m}_{ice}[P_{ice}(t)] + \zeta[P_{em}(t)] \tag{5-5}$$

s. t.　If $P_{req}(t) \geqslant 0$,

$$P_{ice}^{opt}(t) = 0, P_{em}^{opt}(t) = P_{req}(t)$$

If $P_{req}(t) < 0$,

$$\begin{cases} P_{req}(t) = P_{ice}(t) + P_{em}(t) \\ SOC_{min} < SOC(t) < SOC_{min}, \forall\, t \\ 0 \leqslant P_{ice}(t) \leqslant P_{ice,max}(t) \\ P_{em,min}(t) \leqslant P_{em}(t) \leqslant P_{em,max}(t) \end{cases}$$

其中，$P_{req}(t)$ 为功率需求，$P_{ice}(t)$ 为发动机功率，$P_{em}(t)$ 为电机功率，$\dot{m}_{ice}[P_{ice}(t)]$ 为发动机的燃油消耗，$\zeta[P_{em}(t)]$ 为电能转化的等效油耗，$SOC(t)$ 为电池荷电状态。

5.4.2　SOC 的能量管理问题

考虑到电池容量和健康问题，许多混合动力汽车的能量管理问题都考虑了电池的 SOC，引入了 SOC 约束条件，即要求 SOC 工况循环终值等于初始值，可以将 SOC 约束在一定的范围内，也可以将其转化为成本函数的加权项。除了考虑 SOC 约束以外，我们还可以考虑电池健康状态（State of Health，SOH）问题，其能量管理优化问题表述为：

$$\min_{u} : \int_0^T Pf(u,v,a,t)\,\mathrm{d}t \tag{5-6}$$

s. t.　$$\dot{x}_1(t) = \frac{-P_i[u(t)]}{Q_0(t)}$$

$$\dot{x}_2(t) = \frac{-|P_i[u(t)]|}{2 \cdot N|P_i[u(t)]| \cdot Q_0(0)}$$

$$x_1(0) = x_{1,0}$$

$$x_2(0) = 1$$

$$x_1(T) \geqslant x_{1,0}$$

$$x_2(T) \geqslant 0$$

$$x(t) \in X, \quad x = (x_1, x_2)^{\mathrm{T}}$$

$$u(t) \in U$$

其中，$f(u, v, a, t)$ dt 表示能量消耗率，$x_1(0)$、$x_2(0)$ 与 $x_1(T)$、$x_2(T)$ 分别表示 SOC 与 SOH 的初始值与终值，$P_i[u(t)]$ 表示电池输出功率，$x_{1,0}$ 与 $Q_0(0)$ 表示电池初始的 SOC 与容量，X、U 为状态量和控制量空间。

5.4.3　排放的能量管理问题

随着环境污染的加剧，车辆排放问题成了继能源问题之后的又一个关注热点。因此，我们将排放纳入成本函数形成燃油消耗与排放控制的折中优化问题，可以将能源管理问题表示为燃油消耗和排放指标构成的综合性能指标，并考虑 SOC 状态，形成如下多目标优化问题：

$$J = \sum_{k=0}^{N-1} \{L[x(k), u(k)] + G[x(N)]\} \tag{5-7}$$

$$L[x(k), u(k)] = fuel(k) + \mu NO_x(k) + vPM(k)$$

$$G[x(N)] = \alpha [SOC(N) - SOC_f]^2$$

其中，$fuel(k)$ 为第 k 个时间段的燃油消耗，$NO_x(k)$、$PM(k)$ 为 NO_x、PM 的排放量，SOC_f 为期望的荷电状态 SOC 的终值，μ、v、α 为加权因子，$L[x(k), u(k)]$ 表示燃油消耗与排放，$G[x(N)]$ 表示 SOC 的变化影响。

5.4.4 瞬态工况油耗的能量管理问题

车辆在城市工况下行驶，经常处于启停、换挡等瞬态工况，为了提高燃油经济性，我们有必要考虑过渡工况对燃油消耗的影响。考虑挡位切换对能耗的影响，将优化问题表述为以价格表示的两种能源消耗：

$$\min_{\{ik\}\,k=0,1,2,\cdots,N-1} G = \sum_{k=0}^{N-1} \Delta Q_k + J_k \tag{5-8}$$

式中 $\Delta Q_k = I_k U_k P_{r_1}/1000/3600 + b_{e,k} P_k P_{r_2}/3600/\rho$；

$$J_k = \lambda |i_{k+1} - i_k|_\circ$$

其中，k 为时间步长，i_k 表示挡位，P_{r_1} 表示电价格（元/kW·h），P_{r_2} 表示燃油价格（元/L），ρ 为燃油密度，P_k 表示电池功率，U_k、I_k 分别表示电池的端电压与电流，$b_{e,k}$ 为燃油消耗率，ΔQ_k 为以价格表示的两种能耗成本，J_k 为传动比变化的影响。

考虑车辆启动瞬态工况，将成本函数定义为发动机油耗、电池 SOC 变化的等效油耗与发动机启停时的瞬时油耗之和：

$$J(k) = \alpha_1 \int_{t_k}^{t_k+t_p} \dot{m}_f(t)\,\mathrm{d}t + \alpha_2 \big[SOC(t_k) - SOC(t_k + t_p) \big]$$

$$+ \alpha_3 \big[1 - key_{\mathrm{on}(t_k+t_p)} \big] \tag{5-9}$$

$$\text{s. t.} \quad SOC_{\mathrm{low\_lim}} < SOC < SOC_{\mathrm{up\_lim}}$$

其中，$\dot{m}_f$ 表示发动机的燃油消耗率，key_{on} 代表发动机的状态，α_i 为加权系数，t_k 为第 k 步时刻，t_p 为预测时间段，$SOC_{\mathrm{up\_lim}}$ 与 $SOC_{\mathrm{low\_lim}}$ 表示电池荷电状态 SOC 的上下界。

我们不仅考虑发动机稳态油耗、发动机启停时油耗，还考虑换挡时油耗，将成本函数选为发动机稳态油耗、发动机启停时油耗、换挡时油耗、SOC 保持的油耗的总和，即：

$$J = \sum_{k=0}^{N-1} L[x(k),u(k)] + L_e(k) + L_b(k) + G[x(N)]$$

(5-10)

其中：

$$L[x(k),u(k)] = P_e(k) \cdot ge(k) \cdot t$$

$$L_e(k) = \alpha\{\mathrm{sgn}[n_e(k+1)] - \mathrm{sgn}[n_e(k)]\}$$

$$L_b(k) = \beta|i(k+1) - i(k)|$$

$$G = \gamma[SOC(N) - SOC(0)]^2$$

$L[x(k),u(k)]$ 为发动机稳态油耗，$L_e(k)$ 为发动机频繁启停时引起的油耗，$L_b(k)$ 为发动机换挡时油耗，$G[x(N)]$ 为 SOC 维持的油耗，$P_e(k)$ 表示发动机的功率，$ge(k)$ 表示燃油消耗率，t 表示间隔时长，$\mathrm{sgn}[n_e(k)]$ 表示发动机的状态，$i(k)$ 表示 k 时刻的挡位，$SOC(0)$ 与 $SOC(N)$ 分别表示电池荷电量的初始值与终值，α、β、γ 为加权系数。

5.4.5　结构参数影响的能量管理问题

车辆的质量、结构对系统的能耗都会产生重要的影响。通过分析不同的结构，我们构造了混合动力汽车油耗与质量间的折中权衡问题，其成本函数为两者的加权和，即：

$$J = \min(F \cdot w_f + W \cdot w_s)$$

(5-11)

其中，F 为油耗，W 为重量，w_f、w_s 为各自的加权值。

考虑不同挡位对能耗的影响，保证整个工况循环下的油耗最少，形成如下全局最优问题：

$$\min_{T_e(k),i(k)} J' = \sum_{k=0}^{N-1} D[T_e(k),i(k)] \cdot \Delta$$

$$D[T_e(k),i(k)] = \dot{m}\{T_e(k),we(k),R[i(k)]\}$$

$$\text{s. t.} \quad T'_{e\_min}(k) \leqslant T_e(k) \leqslant T'_{e\_max}(k), \quad i(k) \in I(k)$$

$$x(N) - x(0) = \Delta SOC = 0$$

其中，Δ 为采样时间，$D[T_e(k), i(k)]$ 为发动机产生转矩为 $T_e(k)$、传动比为 $R[i(k)]$ 时的油耗，$\dot{m}\{T_e(k), we(k), R[i(k)]\}$ 为发动机转矩为 $T_e(k)$、转速为 $we(k)$ 时的油耗，由发动机 Map 图计算而得，$i(k)$ 为挡位，$T'_{e\_max}(k)$ 与 $T'_{e\_min}(k)$ 分别为发动机输出转矩的上下界，x 为电池电量。

为优化车辆工作效率，达到提高串联式混合动力系统燃油经济性的目的，定义如下优化问题：

$$\eta^*_{sys}(P_{gen}) = \max_{\omega_{eng}, \tau_{eng}} \eta_{sys}(\omega_{eng}, \tau_{eng}) \tag{5-12}$$

$$s.\ t. \quad \eta_{gen}\left(\frac{\omega_{eng}}{k}, k\tau_{eng}\right)\omega_{eng}\tau_{eng} = P_{gen}$$

其中，$\eta_{sys}(\omega_{eng}, \tau_{eng})$ 表示系统的优化目标，即系统效率的最大值，η_{sys} 为系统效率，η_{gen} 表示电机效率，ω_{eng} 为发动机的转速，τ_{eng} 表示发动机的转矩，P_{gen} 为电机功率，k 为发动机与电机之间的传动比。

5.5　混合动力系统控制

混合动力系统控制系统用于满足车辆在行驶过程中的动力输出、油耗以及相对应的排放污染物限值。无论对于何种混合动力系统，如何分配发动机动力和电机动力都是控制系统要解决的关键问题。目前很多种混合动力控制策略已经被广泛运用于不同的混合动力系统中。通常混合动力系统动力分配控制器的输入参数包括车速、加速度、电池充电状态、道路负载、全球定位系统（GPS）的交通信息等。控制器的输出包括一系列的控制决策，以此判定混合动力系统的工作模式：发动机模式（只有发动机工作）、辅助驾驶模式（发动机和电动机同时工作）、电动机模式（只有电动机工作）、能量回收模式（电动机可以转换为发电机工作模式，用于制动能量回收）、发动机发电模式（电机吸收发动机能量用于给电池充电）。

所有工作模式以及控制策略的目的都在于在不牺牲动力系统加速性能的前提下，降低动力系统的油耗以及污染物排放。通常电池的充电状态是混合动力系统控制的主要目标。混合动力控制主要分为两大类：离线控制（全局优化）和在线控制（局部优化）。

基于优化的混合动力系统控制策略用于让目标函数在累积的时间区间最小化（全局优化）或者瞬时最小化（局部优化）。通常目标函数是在时间轴上能量消耗的积分。为了获得系统的全局优化，我们需要提前知道驾驶循环工况。但是在实时控制时，很难提前知道驾驶循环工况；面对这样的非因果（Non-causal）系统，通常很难用全局优化的方法来进行优化控制。但是全局优化可以用于对标其他因果（Causal）实时控制器设计，从而判定其他局部优化控制器的性能。通常，线性规划、动态规划、遗传算法等都被广泛用于混合动力系统全局优化。

对比混合动力系统离线控制，在线控制可以用于实时控制。在线控制器可以是基于规则的控制，也可以是通过实时优化成本函数的在线优化控制。基于规则的控制常见的方法为基于确定规则的能量管理策略和基于模糊规则的控制策略。其中基于模糊规则的控制策略可以分为传统模糊控制、自适应模糊控制以及预测模糊控制。在线优化控制可以是基于最小值原理的等效燃油消耗控制、离散控制和基于模型的预测控制、神经网络控制等（见图 5-9）。

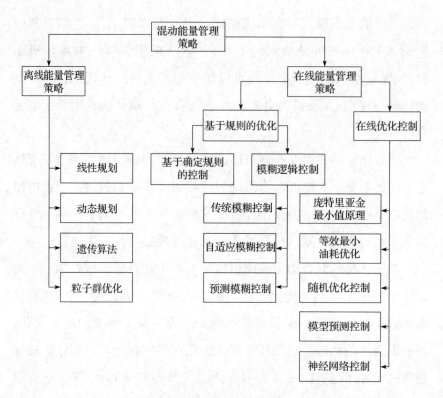

图 5-9 混合动力系统控制策略的分类

5.5.1 基于规则的能量管理策略

　　基于规则的能量管理策略的控制结构简单，适用于实际生产应用，因而成为被最早用于混合动力汽车的控制方法。其中主要包含两种控制策略。一种是基于确定规则的控制策略，根据不同汽车需求的转矩、车速与电池充放电情况（SOC）条件（如加速踏板、制动踏板指令）或其电机以及发动机的工作效率图，对电机或发动机工作状态进行模式划分，如前文所描述的不同模式，另要制定相应的规则，让动力系统在不同的模式下进行平稳的切换。另一种是基于模糊逻辑的控制策略，针对混合动力汽车具有多变量、非线性和时变的特点，结合模糊控制的优势，建立状态变量与状态变量变化率的隶属度函数，确定模糊控制规则进行能量分配与 SOC 的控制。

1. 基于确定规则的能量管理策略

基于确定规则的能量管理策略是基于负荷平衡的概念，其主要思想是通过电动机协调转移发动机的工作点，使其尽量工作在高效率区域内，以获得较高的燃油经济性。发动机的工作区域通常由实验数据分析得来。我们将发动机的工作区域进行划分，通过控制变量（功率需求、车速、加速信号、电池 SOC 等）判断发动机的工作区域，并选择混合动力汽车的工作模式，使车辆运行在高效率区域内。

混合动力汽车的工作模式通常分为：纯电机驱动模式、混合动力模式、发动机模式、发动机充电模式以及制动充电模式，如图 5-10 所示。纯电机驱动模式：通常混合动力汽车在电池高 SOC 时起步或低速行驶等低负荷工况下，关闭发动机，由电动机单独驱动；混合动力模式：当车辆在加速、爬坡等大负荷工况时，为保证发动机高效行驶，由电动机辅助发动机共同驱动车辆；发动机模式：车辆在中、高速中等负荷工况下，发动机处于高效工作区域，此时关闭电动机，由发动机单独驱动；发动机充电模式：当电池电量 SOC 低于某一设定值时，车辆进入充电模式，由发动机通过发电机对电池进行充电，以保证电池电量维持在正常范围内，从而防止电池的过度消耗损害电池的使用寿命；制动充电模式：当车辆处于减速制动时，驾驶员踩下制动踏板，车辆产生负的功率需求，且在不影响车辆制动安全性的前提下，尽可能地吸收制动能量。

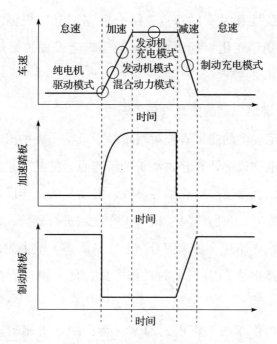

图 5-10　不同车速下的混合动力汽车的工作模式

　　我们可以通过将发动机工作区域分为高负荷、中等负荷和低负荷区，如图 5-11 所示，结合驾驶员油门踏板开度和开度变化率计算当前需求功率，从而确定相应的工作模式。具体规则为：当需求功率处于发动机高负荷区域时，采用混合模式，将发动机控制在高效率工作区域，不足的动力由电动机提供；若处于中负荷区域则为发动机模式，所需动力由发动机单独提供；如果处于中低负荷区域，则进入纯电动模式或行车充电模式。

　　仿真研究对比了不同结构的混合动力汽车和传统内燃机车辆的燃油经济性与排放性能，结果表明两者均有较大程度的提高。根据不同的工况，应用逻辑阈值方法对并联式混合动力进行控制。通过设定阈值，限制发动机和电池的工作区域，控制发动机在高效率区域工作，提供要求的力矩，而电动机作为载荷调节装置。当车辆需要大扭矩输出时，电动机参与驱动；当需要小扭矩输出时，视电池的荷电状态，由电动机单独驱动或将电动机作为发电机工作，吸收发动机剩余力矩并对电池进行充电，使电池的 SOC 维持在合理范围内，结合车速与 SOC 对工况进行划分与控制，具体包含启动或制动、低速行驶、正常行驶、全负荷行驶以及减速滑行等基本工况。在不同工况下根据车速和 SOC 阈值调节控制，在保证动力性的同时，特定工况下的百千米油耗相较传统车辆降低了约37%。

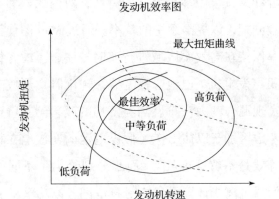

图 5-11　发动机的不同负荷分区

针对混联式混合动力汽车在不同工况下的能量管理策略进行研究，在分析混联式混合动力系统的工作原理的基础上，以系统综合效率最大为主要控制目标，将车辆的运行工况归纳为充电工况、放电工况和制动工况。对于充电工况和放电工况，以系统综合效率最大为主要控制目标建立能量管理系统模型；而对于制动工况则采用基于再生制动能量回收最大为控制目标的能量管理策略，相对传统的基础车型其燃油消耗可以降低约36.95%。基于功率平衡方程建立控制规则对转矩进行分配，使发动机工作在高效率区域，并对 SOC 进行控制，防止发动机频繁启停，通过与未安装集成式启动发电机（Integrated Starter Generator，ISG）的混合动力相比较，燃油经济性可提高9.3%。

从变速器结构的角度，基于多个行星轮系形成多模式电子可变变速器的不同工作模式，通过切换工作模式，使发动机处在高效率、低能耗区域，即从传动比的角度，解耦发动机，使其可在整个工作过程中保持在高效率区域。我们也可以将扭矩作为最主要的控制变量，以内燃机稳态效率特性Map图为基础，综合考虑驾驶员的需求以及混合动力汽车中多个部件的特性，对内燃机和电机的输出动力进行合理分配，以提高系统的效率。通过Map图使混合动力汽车的动力效率保持在高效率区域进行实时控制，考虑各构成部分的效率（发动机、发电机、电池、整流器、转化器）形成动力系统的整体效率，实现混合动力汽车燃油经济性的改善。其特点在于：对电池效率的考虑区别于以往工作（假设电池的充放电在相同的功率水平下进行等效是不够准确的），而是分别给出了不同的充电和放电效率。我们通过离线计算得到控制Map图，以功率需求和SOC为输入，按照获得的控制Map图对功率进行实时分配控制，既减少了计算负担，便于实时控制，又考虑了电池SOC的约束，利于长期运行，防止发动机的频繁启停，保证电池的健康使用，通过与采用恒温控制策略、功率跟随控制策略的车辆的性能对比，燃油经济性提高可达到20%。

基于确定规则的能量管理策略，往往是基于工程经验、工作模式的划分和静态的能耗效率Map图来制定规则，思路简单易懂，计算量小，方法易于实现；但它无法适应不同工况变化和实际的动态变化的需求，适应性不强，无法实现最优控制。为了寻求性能的优化和工况的实时适应性，在此基础上，人们开始将模糊控制结合到规则控制中。

2. 基于模糊逻辑规则的能量管理策略

混合动力汽车系统由多个复杂的子系统组成，且具有非线性时变的特点，应用模糊逻辑规则对其进行管理控制是一种比较实用的手段。基于模糊逻辑规则的能量管理策略，利用模糊控制方法具有的强鲁棒性和实时性等优点去处理非线性和不确定性问题。基于模糊逻辑规则对混合动力汽车的工作模式和功率进行划分，通过对车速、SOC、转矩、功率等模糊化，以实现混合动力汽车能量管理系统的合理控制，提高车辆的整体性能。

通常模糊逻辑控制包含四大模块：模糊化模块、预设规则模块、规则判定模块以及去模糊化模块（精确化），如图 5-12 所示。在模糊化模块中，输入信号被划分为不同的模糊信号，同时模糊化后的信号通过预设规则模块，来判定控制决策；随后在去模糊化模块中，控制决策转化为执行器的控制信号。

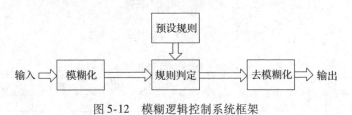

图 5-12　模糊逻辑控制系统框架

通常混合动力系统的模糊逻辑控制的输入为发动机转速、油门踏板信号。输入信号根据自身信号值的区间，首先被划分为不同的模糊信号，取值范围为 0 ~ 1，如图 5-13 所示。通过相应的预设规则来判定对应的控制策略，然后获得的输出信号为需要的电机扭矩占总共需要的扭矩的百分比，电机扭矩既可为正，也可为负。通常预设规则是由系统工程实验或者仿真得来的。预设规则的目的是满足相对应的油耗以及汽车动力的性能要求，同时需要进行油耗以及动力的平衡。模糊逻辑控制的预测规则如表 5-1 所示。

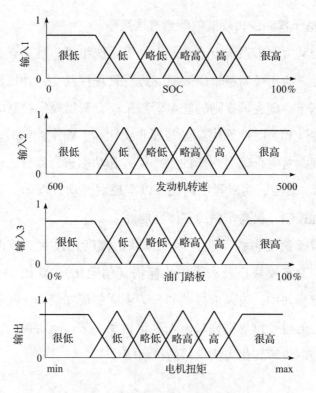

图 5-13　基于经验确定隶属度函数

表 5-1　模糊逻辑控制的预设规则（策略）

	很低	低	略低	略高	高	很高
很低	策略 1	*	*	*	*	*
低	*	*	*	*	*	*
略低	*	*	*	*	*	*
略高	*	*	*	*	*	*
高	*	*	*	*	*	*
很高	*	*	*	*	*	策略 n

　　基于经验确定隶属度函数与规则，对不同混合结构的燃料电池混合动力车辆进行研究，探讨更适合节约能耗的结构组合。基于模糊逻辑控制具有较强的鲁棒性，且简单易于实现的特点，我们可以采用两个模糊控制器分别对 SOC 和发动机转矩进行模糊控制，保证发动机工作在高效率区域，提高燃油经济性与排放性能；还可以采

用分层结构，应用模糊控制对发动机转矩进行控制，使其保持在高效率工作区域，从而提高燃油经济性。

模糊控制的优点如下：

- 简化系统设计的复杂性，特别适用于非线性、时变、模型不完全的系统上。
- 利用控制法则来描述系统变量间的关系。
- 不用数值而用语言式的模糊变量来描述系统，模糊控制器不必对被控制对象建立完整的数学模式。
- 模糊控制器是一种语言控制器，使得操作人员易于使用自然语言进行人机对话。
- 模糊控制器是一种容易控制、掌握的较理想的非线性控制器，具有较佳的适应性、强健性（Robustness）和容错性（Fault Tolerance）。

模糊控制的缺点如下：

- 模糊控制的设计尚缺乏系统性，这对复杂系统的控制是难以奏效的。所以要建立一套系统的模糊控制理论，以解决模糊控制的机理、稳定性分析、系统化设计方法等一系列问题。
- 要获得模糊规则及隶属函数即系统的设计办法，这在目前完全凭经验进行。
- 信息简单的模糊处理将导致系统的控制精度降低和动态品质变差。若要提高精度则必然增加量化级数，从而导致规则搜索范围扩大，降低决策速度，甚至不能实时控制。
- 难以保证模糊控制系统的稳定性，即需要解决模糊控制中关于稳定性和鲁棒性的问题。

5.5.2 基于优化方法的能量管理策略

基于优化的能量管理策略，通过定义能量成本函数结合约束条件，采取相应的优化算法对成本函数进行最小化（最大化），用于实现控制过程的最优化。通常将混合动力汽车的油耗作为其控制目标形成约束条件下的单目标控制，也有将排放、电池电量的变化、驾驶性能等同时作为控制目标的多目标优化控制。对于基于优化方法的能量管理策略，为了达到更为理想和适用于混合动力汽车的能量管理策略，专家尝试并探索了各种控制方法。目前基于优化的能量管理策略可分为两类，一类是基于静态数据表或者历史数据，在特定的工况下进行能量优化控制的全局最优能量管理策略；另一类是基于车辆的实时状态或当前参数进行的在线控制，通常可以保证局部或瞬时最优的能量管理策略。

1. 动态规划控制方法

基于全局最优的能量管理策略中最具代表性的是动态规划（Dynamic Programming，DP）控制方法。动态规划是运筹学的一个分支，是求解决策过程（Decision Process）最优化的数学方法。20 世纪 50 年代初，美国数学家贝尔曼（R. E. Bellman）等人在研究多阶段决策过程（Multistep Decision Process）的优化问题时，提出了著名的最优化原理（Principle of Optimality），把多阶段过程转化为一系列单阶段问题，利用各阶段之间的关系，逐个求解，创立了解决这类过程优化问题的新方法。DP 算法自 2000 年被用于混合动力汽车的能量管理，且被公认为是较为理想的混合动力能量管理方法，可实现全局优化，且能够较好地提高燃油经济性。根据控制目标及系统模型将混合动力能量管理问题描述为一定约束条件下的能量成本函数，采用 DP

算法进行反推动态求解。

　　动态规划过程是：每次决策依赖于当前状态，又随即引起状态的转移。一个决策序列就是在变化的状态中产生出来的，所以，这种多阶段最优化决策解决问题的过程就称为动态规划。例如，在图 5-14 中，在时间轴上，当系统从 A 状态到 B 状态时，有很多种组合，但是由于不同的路径有不同的成本，因此存在一个最优路径。区别于基于规则的控制，动态规划需要系统模型，可以是基于数据的模型也可以是动态模型。对于一个混合动力系统，动态规划能给出针对一个驾驶循环的最优控制。

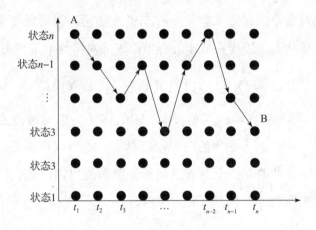

图 5-14　动态规划路径选择

　　通常系统模型需要离散化，系统模型可以表达为：

$$x(k+1) = f[x(k),u(k)] \tag{5-13}$$

　　其中，$u(k)$ 为控制输入矩阵，如发动机的喷油量、电机的需求功率、变速器挡位等；$x(k)$ 为系统状态矩阵。优化的目标通常是寻找最优的控制输入来达到驾驶循环的最低油耗。成本函数可以定义为：

$$J = fuel = \sum_{k=0}^{N-1} L[x(k),u(k)] \tag{5-14}$$

其中，N 是驾驶循环的时间长度，L 是每个时间点上的瞬时燃油消耗率。在优化过程中，我们需要建立一些系统状态和控制变量的限制条件用于保证它们处于自己的物理运行空间。例如，电池充放电状态 SOC、发动机转速 ω 以及电机扭矩 T 等。

$$SOC_{min} < SOC(k) < SOC_{min}$$

$$\omega_{min} < \omega(k) < \omega_{min}$$

$$T_{min} < T(k) < T_{min} \tag{5-15}$$

由于没有限制电池的最终充放电状态，上述优化结果会用光电池中的电量来满足最小的燃油消耗。通常情况下，电池电量会保持在一个相对富裕的状态来满足下一车辆的使用，因此很有必要限制电池最终的状态，需要在成本方程里面加上对最终电池状态的权重。

$$J = \sum_{k=0}^{N-1} \left\{ L[x(k), u(k)] + G[x(N)] \right\} \tag{5-16}$$

其中 $G[x(N)] = \alpha \left[SOC(N) - SOC_{target} \right]^2$ 为电池冲放点状态的成本方程。SOC_{target} 为期望的电池最终状态，α 为权重系数，用于平衡油耗目标和电池充放电状态。由于限制最终电池状态，因此在求解这个动态规划过程时，需要逆向求解。

第 $N-1$ 步：

$$J_{N-1}^*[x(N-1)] = \min\left\{ L[x(N-1), u(N-1)] + G[x(N)] \right\} \tag{5-17}$$

第 k 步，$0 < k < N-1$：

$$J_k^*(x(k)) = \min\left\{ L[x(k), u(k)] + J_{k+1}^*[x(k+1)] \right\} \tag{5-18}$$

每一个迭代计算过程，都需要满足公式（5-15）的限制条件。同时系统状态和控制输入被划分为不同等分的网格，在每一步计算中，成本函数 $J_k^*[x(k)]$ 只在网格点上取值，如果下一个状态 $x(k+1)$ 并没有处于划分的网格点上，那么成本函数需要在邻近的网格点之间进行插值。

DP 算法的应用往往针对已知的特定循环工况，需要提前掌握未来的循环工况信息，而且存在计算量大、耗时长的"维数诅咒"，无法实现实时控制，这限制了该算法的实际应用。但由于其不可否定的控制效果，因此常常被用于常见或固定的驾驶路线的优化管理，如混合动力公交车辆、混合动力通勤车辆，同时也被作为评估其他控制算法的优劣的标准。

2. 基于模型预测的能量管理方法

随着人们对实时/在线能量管理控制方法的研究，瞬时优化的思想出现了。其主要出发点就是要保证当前时间能量管理过程的能量消耗最少或功率损耗最小，基于发动机的最佳工作曲线（油耗、功率、效率图）得到瞬时最优工作点，控制混合动力系统的各个状态变量进行动态能量分配，使发动机、电动机工作在瞬时最优状态点。基于瞬时优化的能量管理策略是针对车辆瞬时工况的能量流进行优化控制，不需要提前了解车辆的未来行驶信息，不受特定工况循环的制约，计算量相对较小，易于应用实现。但是，瞬时优化并不等于整体最优，所以无法保证全局最优。常用的优化方法有基于等效油耗最低的能量管理方法、基于模型预测控制（Model Predictive Control，MPC）的能量管理方法及基于其他智能控制的能量管理方法。

基于模型的预测控制有三个主要元素。

（1）预测模型：预测模型是指一类能够显示拟合被控系统的特性的动态模型。

（2）滚动优化：滚动优化是指在每个采样周期都基于系统的当前状态及预测模型，按照给定的有限时域目标函数优化过程性能，找出最优控制序列，并将该序列的第一个元素施加给被控对象。

（3）反馈校正：反馈校正用于补偿模型预测误差和其他扰动。

通常模型需要在预测步长时提供动态系统的预测状态，同时用预测的结果作为优化计算的终值条件。不同于动态规划的整个时间轴上的逆向计算，模型预测控制在有限的未来预测控制步长进行优化计算，如图 5-15 所示。模型预测控制的优化区间仅在未来有限的时间范围内，能提供当前的瞬时优化控制结果。根据使用的优化方法，基于模型的控制可以采用基于瞬时优化的能量管理策略。

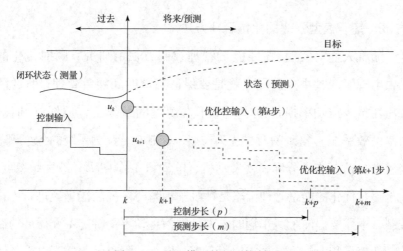

图 5-15　基于模型的预测控制原理

3. 基于全局最优的能量管理策略

用实时闭环控制来保证系统的稳定性以及控制响应。

对于混合动力系统通常的做法是，根据当前车速和驾驶员的油门踏板信号来估计整车的扭矩需求，以此作为接下来发动机和电机的扭矩输出总和，如图 5-16 所示。

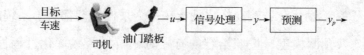

图 5-16　发动机扭矩预测

对于计算流程以线性二次跟踪（Linear Quadratic Tracking）控制作为优化方法为例，如图 5-17 所示。首先需要得到当前的发动机电机状态，以及预测的状态。通过离散化的系统来计算 Riccati 方程，我们会获得一个优化控制的序列，第一个控制量被用于当前时刻的控制。同时计算流程移动到下一步进行新一轮的预测、优化和控制。

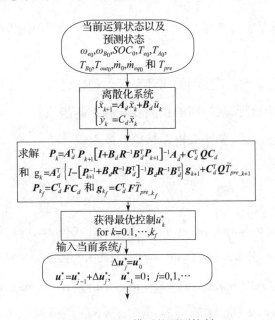

图 5-17　基于模型的预测控制

基于模型预测的能量管理方法通过在线辨识优化车辆动态参数，将整个驾驶循环的燃油经济性的全局最优控制转化成预测区域内的局部优化控制，通过不断地滚动优化，更新预测车辆在下一时间域的运行状态或控制参数，从而获得优化结果。模型预测控制方法具有较强的鲁棒性，适用于不确定性、非线性动态系统的控制，因此适用于混合动力汽车的能量管理；另外，模型预测控制还可以与其他智能算法相结合，例如引入神经网络、人工智能、模糊控制等理论可以获得更加优异的控制性能。

思考题 ✦

1. 如何选取系统建模的结构？
2. 三维模型、一维模型和零维模型的区别是什么，以及如何实际应用？
3. 哪些控制方法（策略）适用于系统设计？哪些控制方法适用于实控制？
4. 如何保证基于模型控制的闭环系统的稳定性？
5. 如何选取模型预测控制的预测步长和控制步长？
6. 不同控制方法需要什么模型精度？

参考文献 ✦

[1] Bayindir Kamil Çağatay, Mehmet Ali Gözüküçük, Ahmet Teke. A Comprehensive Overview of Hybrid Electric Vehicle: Powertrain Configurations, Powertrain Control Techniques and Electronic Control Units[J]. Energy Conversion and Management, 2011, 52(2): 1305-1313.

[2] Liu Wei. Introduction to Hybrid Vehicle System Modeling and Control[M]. New York: John Wiley & Sons, 2013.

[3] Rizzoni Giorgio, Lino Guzzella, Bernd M Baumann. Unified Modeling of Hybrid Electric Vehicle Drivetrains[J]. IEEE/ASME Transactions on Mechatronics, 1999, 4(3): 246-257.

[4] Rimaux Stephane, Michel Delhom, Emmanuel Combes. Hybrid Vehicle Powertrain: Modeling and Control[C]. Proceeding of Electric Vehicle Symposium,1999, 16.

［ 5 ］　Powell B K, Bailey K E, Cikanek S R. Dynamic Modeling and Control of Hybrid Electric Vehicle Powertrain Systems［J］. IEEE Control Systems, 1998, 18(5): 17-33.

［ 6 ］　Lee Hyeoun-Dong, Seung-Ki Sul. Fuzzy-logic-based Torque Control Strategy for Parallel-type Hybrid Electric Vehicle［J］. IEEE Transactions on Industrial Electronics, 1998, 45(4): 625-632.

［ 7 ］　Lin C C, Peng H, Grizzle J W, et al. Power Management Strategy for a Parallel Hybrid Electric Truck［J］. IEEE Transactions on Control Systems Technology, 2003, 11(6): 839-849.

［ 8 ］　Liu, Jinming, Huei Peng. Control Optimization for a Power-split Hybrid Vehicle［C］. IEEE American Control Conference, 2006, 6.

［ 9 ］　Jie Yang. Guoming George Zhu. Adaptive Recursive Prediction of the Desired Torque of a Hybrid Powertrain［J］. IEEE Transactions on Vehicular Technology, 2015, 64(8): 3402-3413.

［10］　Jie Yang. Predictive Control of a Hybrid Powertrain［M］. East Lansing: Michigan State University, 2015.

［11］　Xiuchun Zhao, Ge Guo. Survey on Energy Management Strategies for Hybrid Electric Vehicles［J］. Acta Automatica Sinica, 2016, 42(3): 321-334.

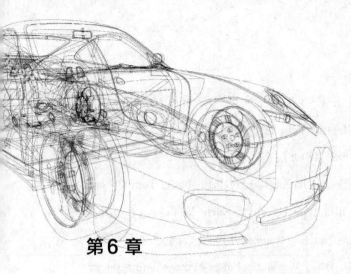

第 6 章

汽车燃料电池基础和应用

6.1　什么是燃料电池

　　燃料电池是 1839 年由英国人格罗夫（Grove）发明的。广义地看，燃料电池是一种能源转化装置，它将储存在燃料和氧化剂中的化学能转化成电能。最常见的燃料是氢气，其他燃料来源可以是任何能分解出氢气的碳氢化合物，例如甲烷、醇和天然气等。氧气（来源于空气）是最常用的氧化剂。

　　燃料电池的原理是一种电化学装置。最简单的燃料电池由两个电极（阳极 – 燃料电极和阴极 – 氧电极）和电解质组成。以氢氧燃料电池为例，供给的燃料（氢气）在阳极中被催化分解成质子（H^+）和电子（e^-）。H^+ 通过电解质传输到阴极。电解质不允许电子的传输（这是电解质的重要特性），所以电子只能经由外电路返回到阴极（空气极）。在阴极中 O_2 分子（来源于空气）与从阳极传输过来的 H^+ 和 e^- 在催化剂的作用下发生反应生成水分子。这一系列的反应促成了电子不间断地流过外部回路，从而产生电流。燃料电池的电极反应和全反应如下：

$$阳极反应：H_2 = 2H^+ + 2e^- \tag{6-1}$$

$$阴极反应：2H^+ + \frac{1}{2}O_2 + 2e^- = H_2O \tag{6-2}$$

$$全反应：H_2 + \frac{1}{2}O_2 = H_2O \tag{6-3}$$

从外表上看，燃料电池与一般电池（一次或二次电池）类似，由阴阳（正负）极和电解质组成；其运行也依赖于氧化还原反应的电化学过程。不同的是，充电电池的活性物质储存在电池内部，因此限制了电池容量。而燃料电池本身不储存能源（燃料），只提供一个电化学反应的场所。原则上只要反应物不断输入，燃料电池就能持续输出电能。

6.1.1 燃料电池的分类

根据所用的电解质的不同，燃料电池可分为质子交换膜燃料电池（PEMFC）、碱性燃料电池（AFC）、磷酸燃料电池（PAFC）、熔融碳酸盐燃料电池（MCFC）、固体氧化物燃料电池（SOFC）。直接甲醇电池（DMFC）除了用甲醇作为燃料外，其他构件与 PEMFC 类似，所以可将其归类为 PEMFC。表 6-1 归纳了不同类型的燃料电池及其特性。

表 6-1 常见的燃料电池种类

	质子交换膜燃料电池（PEMFC）	碱性燃料电池（AFC）	磷酸燃料电池（PAFC）	熔融碳酸盐燃料电池（MCFC）	固体氧化物质燃料电池（SOFC）
电解质	高分子质子交换膜	液态 KOH（固定处理的）	磷酸（固定处理的）	熔融碳酸盐	陶瓷电解质
导电离子	质子（H^+）	氢氧根离子（OH^-）	质子（H^+）	碳酸根离子（CO_3^{2-}）	氧离子（O^{2-}）
运行温度	<100 ℃	90~200 ℃	150~200 ℃	600~700 ℃	600~1000 ℃
催化剂	铂或铂基合金	铂，镍	铂	镍	钙钛矿（陶瓷）
常用燃料	氢，甲醇	氢	氢	氢，甲烷	氢，甲烷，一氧化碳（CO）
电堆尺寸	数瓦至 100 千瓦	10~100 千瓦	100 瓦至数百千瓦	300 千瓦~3 兆瓦	1 千瓦~2 兆瓦
潜在用途	汽车，可携带电子产品	太空，军用	发电	发电	备用电源，发电

6.1.2 燃料电池的特点

燃料电池结合了许多燃油发动机和电池的优点。首先,它的能量转化效率高。因为它直接将燃料的化学能转化为电能,中间不经过燃烧过程,因而不受卡诺循环的限制。燃料电池系统的效率为 45% ~ 60%,普遍高于内燃机引擎(15% ~ 20%)。其次,燃料电池有助于实现能源安全。由于其燃料的多样性,除氢气外,其他碳氢化合物如甲烷(天然气)或醇,要么可直接用作燃料,要么可转化成氢气。同时氢气也可由水电解而产生。燃料的多样化可极大地降低人们对石油的依赖。再次,燃料电池有较高的环境亲和性。燃料电池利用能源的方式大幅优于燃油发动机排放大量危害性废气的方式——其排放物大部分是水。如果利用太阳能及风力等可再生能源来电解水制氢,燃料电池可实现完全零排放。相比充电电池,燃料电池具有很好的缩放性。一般电池由于储能材料的限制很难做到很大功率(大功率必然需要大尺寸)。然而利用模块式堆栈配置可轻易地制作从 1 瓦到兆瓦范围内的燃料电池。因为它具有较高的能量密度,燃料电池汽车的续航里程要高于纯电池车,与传统燃油汽车相当。燃料电池汽车的另一个优点是能快速加氢,而纯电池车需要长时间的充电。

当然燃料电池也有其不足。燃料电池的劣势主要是在价格和技术上存在一些瓶颈。当前燃料电池造价仍然偏高。汽车常用的 PEMFC 中质子交换膜和铂催化剂均为贵重材料。氢燃料基础建设不足也严重地限制了燃料电池汽车的推广应用。另外,氢气储存技术也有待提高。当前燃料电池汽车的氢燃料是以压缩氢气为主,车体的载运量因而受限。

6.2 燃料电池的物理化学过程简介

燃料电池主要由催化剂层(CL)、电解质隔膜(PEM)、气体扩

散层（GDL）、双极板（BPP）等构件组成，如图 6-1 所示。催化剂
层是燃料发生氧化反应与氧化剂发生还原反应的场所，其性能的关
键在于催化剂的性能和电极的结构。燃料电池电极分为阳极（燃料
氧化反应）和阴极（氧气还原反应）两部分。燃料电池的催化剂层
为多孔结构，主要是为了增强燃料（例如氢气）和氧气的传输，以
及扩大反应的表面积。电解质隔膜的主要功能是分隔燃料与氧化
剂、传导离子，并阻止电子的传输。故电解质隔膜越薄越好（对导
电性而言），但也需要兼顾强度。气体扩散层和双极板主要是疏导
反应气体，排除反应产物并收集电流。气体扩散层是基于碳布的双
层结构，具有很高的孔隙率（>80%）。孔径的大小和疏水性是其
性能的关键。双极板的一面含有许多细小的流道或沟漕，以保证气
体沿整个流场均匀分布。双极板的另一面提供冷却液的流道，因而
它还具有散热的功能。它的性能主要取决于流场设计及加工技术。

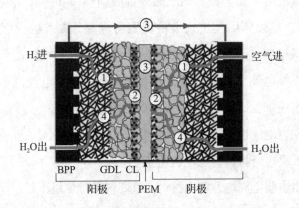

图 6-1　单个燃料电池截面图和主要的动力学过程示意图

注：1　反应物传输；2　电化学反应；3　离子和电子传导；4　反应产物的排除。
BPP 表示双极板，GDL 表示气体扩散层，CL 表示催化剂层，PEM 表示电解质隔
膜。图中尺寸不具有比例关系。

　　燃料电池将能量从化学能（燃料）转化成电能。这个能量转化
过程涉及多个复杂的动力学步骤，包括反应物的输运、氧化－还原

（电化学）反应、离子和电子的传输，以及反应产物的排除。本节将这些过程从整体上做一个简要介绍，详细的物理化学过程会在以后的几节中专门介绍。

反应物的输运：燃料电池依赖于反应物，包括燃料和氧化剂的连续供给。这个看起来简单的任务实际上相当复杂，特别是当燃料电池运行在高功率时对反应物供应的需求更严苛。如果反应物不能及时地输送到反应场所，燃料电池就会"饿死"，导致极限电流。反应物的输运涉及的主要部件包括双极板、气体扩散层和催化剂层。

氧化 - 还原（电化学）反应：一旦反应物被输运到催化剂层，它们必须经过电化学反应变成产物。与之相伴的是电荷在离子（电解质相）和电子（固相）之间转移并产生电流。为了增加燃料电池的电流输出，催化剂被广泛地用来加速电化学反应的速度和效率。选择合适的催化剂并仔细地设计反应场所（三相界面）对燃料电池的性能有决定性的影响。

离子和电子的传输：电极电化学反应步骤涉及离子或电子在电极上的产生和消耗。生成的离子要通过电解质隔膜，同时电子通过外电路，传输到相对的电极以完成电化学反应。电荷传输所遇的阻力会降低燃料电池性能。

反应产物的排除：除产生电流外，燃料电池也会生成反应产物。氢氧燃料电池的产物是水；碳氢化合物燃料电池产生水和二氧化碳（CO_2）。如果这些产物没有及时地排除出燃料电池，它们就会在电池内部聚集，从而阻碍反应物的输送。对低温氢氧燃料电池（例如 PEMFC）而言，生成的水在燃料电池内的聚集会极大地阻碍氢气和氧气的传输，导致电池性能下降，严重的会使燃料电池窒息，这一现象叫"水淹"。

所有这些动力学过程都是以有限的速度进行的，它们的快慢决定了燃料电池的性能。燃料电池的性能通常以其本征的电流 – 电压曲线（$I - U$，也称为极化曲线）来描述。以上每一个动力学过程都形成一个对总的电化学反应的阻力，导致电池、电压的降低或损失。与以上的动力学过程相对应，燃料电池的电压损失也可归纳为三类：激活损失（η_{act}）、欧姆损失（η_{ohmic}）和浓度损失（η_{conc}）。一般我们认为这三类电压损失是可以线性叠加的。因此，燃料电池的电压可用如下的经验公式来近似得到：

$$U = E_{rev} - \eta_{act} - \eta_{ohmic} - \eta_{conc} \qquad (6\text{-}4)$$

图 6-2 表示一条极化曲线，它反映了燃料电池特征的热力学和动力学损失。除以上这些涉及物质传输的动力学过程外，废热的产生和传递也是燃料电池的重要动力学过程。传热过程不会导致单独的电压损失，但会影响上述每一个电压损失过程。

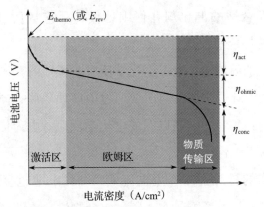

图 6-2　燃料电池极化曲线（$I\text{-}U$）示意图

6.3　热力学电压 E_{thermo}（或 E_{rev}）

本节我们介绍燃料电池的第一个重要表征——热力学（可逆）电压，并计算温度、压力和反应物浓度对它的影响。热力学第一和第二定律是计算热力学电压的主要工具，但由于篇幅限制，本节并不介绍这些定律的推导，有兴趣的同学可以参考相关的专业书籍[1][2]。

6.3.1　燃料电池的反应热（ΔH_{rxn}）和电功（W_{elec}）

热力学研究不同能量形式之间的转换关系，燃料电池热力学研究的是化学能向电能的转换。反应物的化学能以内能形式储存在物质中，表现为分子、原子的交互作用以及它们的微观运动。燃料电池的总反应（例如反应（6-3））实质上是一个燃烧反应，我们可以计算它的反应热，这样的计算也有助于将其与内燃发动机进行比较。在恒压条件下，这个反应热即为反应的焓变（ΔH_{rxn}，单位为 kJ/mol）。在标准状态（STP：$T = 298.15K$，$P = 1\ bar$）下，对于氢氧燃料电池反应，$\Delta H_{rxn}^0 = -285.83 kJ/mol$（上标 0 代表标准态）。它表明氢氧燃料电池反应是一个放热反应。

然而，并不是所有的反应热都能转化成有用功，它的一部分要用来维持系统体积的变化。对于燃料电池，我们最感兴趣的是电功（有用功）。根据热力学定律，在恒温恒压条件下我们可以得到：

$$W_{elec} = -\Delta G_{rxn} \qquad (6-5)$$

也就是说，燃料电池的最大可用电功（W_{elec}）等于反应的自由能变化 $-\Delta G_{rxn}$。

对于氢氧反应，$\Delta G_{rxn}^0 = -237.17 kJ/mol$。由于 $\Delta G_{rxn}^0 < 0$，因此这个反应在 STP 下是一个自发过程。燃料电池正是将这些自发反应释放的可利用的能量转化成电能。如果一个反应是非自发的（$\Delta G > 0$），它就不能用于燃料电池。

6.3.2　燃料电池的热力学可逆电压

根据燃料电池的电功我们可以得到燃料电池的可逆电压（或平

衡电压）与 ΔG_{rxn}^0 的关系：

$$E^0 = -\frac{\Delta G_{\text{rxn}}^0}{nF} \tag{6-6}$$

其中，n 是反应中转移的电子数，F 是法拉第常数（$= 96.485$C/mol，等于 1mol 电子的电量）。对于氢氧燃料电池，每反应 1molH$_2$ 转移 2mol 电子，因而：

$$E^0 = -\frac{-237.17}{[2 \times 96.485]} = 1.23(\text{V}) \tag{6-7}$$

氢氧燃料电池在标准状态时的最高电压是 1.23V。不同的燃料电池化学反应会产生不同的可逆电压，但大多数实用的燃料电池反应的可逆电压处于 0.8 ~ 1.5V 之间。表 6-2 列出了低温氢和甲醇燃料电池反应的相关数据。

表 6-2 氢和甲醇燃料电池反应的 ΔH_{rxn}^0、ΔG_{rxn}^0 和热力学电压 E^0

燃料电池反应	ΔH_{rxn}^0（kJ/mol）	ΔG_{rxn}^0（kJ/mol）	E^0（V）
$H_2 + \frac{1}{2}O_2 = H_2O(l)$	-285.83	-237.17	1.23
$CH_3OH(l) + \frac{3}{2}O_2 = CO_2 + 2H_2O(l)$	-726.77	-702.56	1.20

注：上标 0 代表标准状态（$T = 298.15$K，$P = 1$ bar）。

燃料电池的工作环境是在一定温度和压力范围内变化的，因此有必要讨论温度和压力对热力学可逆电压的影响。根据热力学定律我们可得到热力学电压随温度的变化关系为：

$$E_T = E^0 + \frac{\Delta S_{\text{rxn}}}{nF}(T - T_0) \tag{6-8}$$

式中 ΔS_{rxn} 代表电池反应的熵变，$T_0 = 298$K。对于氢氧燃料电池，由于 $\Delta S_{\text{rxn}} < 0$，升高温度会降低它的热力学电压。类似地，可得到压力对热力学可逆电压的影响为：

$$\left(\frac{\text{d}E}{\text{d}P}\right)_T = -\frac{\Delta V_{\text{rxn}}}{nF} = -\frac{\Delta n_g RT}{nFp} \tag{6-9}$$

其中我们用了标准气体方程（$pV = nRT$），ΔV_{rxn}代表电池反应的体积变化。

6.3.3 反应物浓度的影响——Nernst方程

自由能是随浓度变化的。对一个非标准状态下的化学反应：反应物→产物，反应的自由能变化ΔG为：

$$\Delta G = \Delta G^0 + RT\ln \frac{\prod a_{产物}^{v_i}}{\prod a_{反应物}^{v_i}} \tag{6-10}$$

其中a_i是活度（$a_i = \gamma_i C_i$，C_i为浓度，γ_i为活度系数）。因而，

$$E = E^0 - \frac{RT}{nF}\ln \frac{\prod a_{产物}^{v_i}}{\prod a_{反应物}^{v_i}} \tag{6-11}$$

这个公式就是 Nernst 方程，是电化学反应最重要的公式之一。Nernst 方程并不能完全处理温度的影响。综合式（6-8）和式（6-11），我们得到如下公式来计算氢氧燃料电池反应在不同温度和压力下的可逆电压：

$$E_{rev}(T) = E^0 + \frac{\Delta S_{rxn}}{2F}(T - T_0) - \frac{RT}{2F}\ln \frac{1}{p_{H_2}p_{O_2}^{\frac{1}{2}}} \tag{6-12}$$

从上式可以看出，增加燃料电池的压力可以增大反应物的分压从而提高可逆电压。然而增加压力对可逆电压的提高实际上是非常有限的。例如，对于一个在室温下工作的氢氧燃料电池来说，当氢气压力增加到 3 个大气压，同时空气压力增加到 5 个大气压时，它的热力学可逆电压为1.244V，只比1个大气压时的1.23V增加1.14%。但是在燃料电池的运行中，增加压力是常见的提高其性能的手段。这是由于加压可提高燃料电池的动力学速度（后面会有详细介绍）。

6.3.4 燃料电池的效率

这里我们简单介绍一下燃料电池的效率及其影响因素，它可以

帮助我们全面了解燃料电池。实际工作中的燃料电池的效率由三个因素决定，一是热力学可逆效率，二是电压的动力学损失，三是燃料的利用率。燃料电池的总效率可表示为：

$$\varepsilon_{real} = \varepsilon_{thermo}\varepsilon_{voltage}\varepsilon_{fuel} = \left(\frac{\Delta G_{rxn}}{\Delta H_{rxn}}\right)\left(\frac{U}{E_{rev}}\right)\left(\frac{1}{\lambda}\right) \tag{6-13}$$

其中，$\varepsilon_{thermo} = \dfrac{\Delta G_{rxn}}{\Delta H_{rxn}}$是热力学可逆效率。在标准状态下，$\varepsilon_{thermo} = \dfrac{-237.17kJ/mol}{-285.83kJ/mol} = 0.83$，所以燃料电池的理想效率是83%。$\varepsilon_{voltage} = \dfrac{U}{E_{rev}}$是电压效率，它包含了由各种动力学过程导致的电压的不可逆损失。燃料电池的电压与工作电流相关，它们的关系由极化曲线限定（见图6-2）。降低燃料电池的工作电流会提高其电压效率。由于散热的要求，一般汽车用燃料电池的实际使用电压大多限定在0.6V以上，所以其电压效率大致为50%。$\varepsilon_{fuel} = \dfrac{i/nF}{v_{fuel}} = \dfrac{1}{\lambda}$是燃料的利用率。通常不是所有进入电池的燃料都会反应消耗完。在低温燃料电池中，由于其工作温度低于100℃，为了加速排除生成的液态水，过量的燃料和氧化剂会供给电堆，从而使得燃料的利用率降低。

6.4 反应动力学和激活电压损失[3][4]

从这节开始我们介绍各种动力学过程导致的实际电压损失及其与电流的关系。本节我们讨论由电荷转移引起的激活电压损失。

6.4.1 燃料电池电流与电位的实质

在燃料电池反应中（更广义地讲，对所有的电化学反应都成立），电荷（电子和离子）作为反应物或产物出现在电极反应中，因此产生的电流就是电化学反应速度的直接度量。根据法拉第定律得到：

$$i = \frac{dQ}{dt} = nF\frac{dN}{dt} = nFv \tag{6-14}$$

其中 Q 是电量（C），n 是每个电化学反应所转移的电子数。i 是电流，$\nu = \frac{dN}{dt}$ 就是通常的化学反应速度（mol/s）。

由于电化学反应仅在固体导体/电解质界面上发生，电流的产生与界面的大小成正比，因此电流密度（单位面积上的电流）具有更基础的意义——它可以用来比较不同电极表面的活性。电流密度与单位面积的反应速度（J）相关：

$$J = \frac{1}{A}\frac{dN}{dt} = \frac{j}{nF} \tag{6-15}$$

式中 $j = i/A$ 是电流密度，J 的单位是 $mol/s \cdot cm^2$（与扩散通量的单位相同，后面我们会看到 J 与物质传输是紧密相关的）。

控制电极电位实质上是调节电子在电极上的能量（也就是 Fermi 能级）。当电极反应达到平衡时，电子在固体电极上的能量与它在电解质中的能量相等，因而没有净电流流过界面。此时的电极电位即是热力学平衡电位（由 Nernst 方程决定）。如果将电极电位调至比平衡电位低时，电子的能量（ $-eE$ ）升高，致使电子从固体电极向电解质转移，电极反应向还原方向进行。相反，如果增加电极电位到比平衡电位高时，电子从电解质向电极转移，电极反应向氧化方向进行。因此用电极电位来控制化学反应是电化学的关键。

6.4.2　燃料电池电流 – 电位的关系：Butler-Volmer 方程

热力学表明燃料电池反应是能量上有利的自发过程，但其反应速度并不是无限的，而是由化学反应动力学控制。一个常用的化学反应动力学理论是过渡态理论。根据这个理论，反应物要沿一个定义好的能量路径，经过一个能量较高的过渡态或激活态，然后才能转变成产物。反应物和激活态间的自由能之差形成一个能量障碍（称为激活能），从而阻碍反应物向产物的转变。

电极电化学反应与平常化学反应的一个主要区别在于，电极电位可以改变反应物、产物和激活态的能量，从而改变反应路径。这反映在激活能上就是电极电位可以降低或增加正反方向的激活自由能。考虑一个最基本的电极反应：

$$R \rightleftharpoons O + e \qquad (6\text{-}16)$$

如果以标准状态下的平衡（即标准电位 E^0）作为基准（选择这个基准是因为过渡态理论是以标准态为基础的），当电极电位偏离 E^0 时，反应物和产物的自由能随之改变，从而引起激活能的变化。因而其正反方向反应的速率常数变为：

$$\begin{aligned}
k_f &= k^0 \exp\left[\alpha F(E - E^0)/RT\right] \\
k_b &= k^0 \exp\left[-(1-\alpha)F(E - E^0)/RT\right]
\end{aligned} \qquad (6\text{-}17)$$

式中，k^0 为标准速率常数，$k^0 = A_f \exp(-\Delta G_{0a}^{\neq}/RT) = A_b \exp(-\Delta G_{0c}^{\neq}/RT)$，$\Delta G_{0a}^{\neq}$ 和 $\Delta G_{0c}^{\neq}$ 是在标准电位 E^0 时的阳极和阴极反应的激活自由能。α（$0 < \alpha \leqslant 1$）是电荷转移系数。一般 α 被解读为对激活能对称性的一个度量；对"对称"的电极反应，$\alpha = 0.5$。

电极反应在正反两个方向上的电流（也就是阳极和阴极电流密度）可由相应的反应速度求得：

$$\begin{aligned}
j_a &= F k_f c_R^* = F k^0 c_R^* \exp\left[\alpha F(E - E^0)/RT\right] \\
j_c &= F k_b c_O^* = F k^0 c_O^* \exp\left[-(1-\alpha)F(E - E^0)/RT\right]
\end{aligned} \qquad (6\text{-}18)$$

j_a 和 j_c 分别是阳极和阴极的电流密度，c_R^* 和 c_O^* 分别代表还原物和氧化物的表面浓度。因此电极反应的净电流密度为：

$$j = F k^0 \{ c_R^* \exp\left[\alpha F(E - E^0)/RT\right]$$

$$- c_O^* \exp[-(1-\alpha)F(E-E^0)/RT] \} \qquad (6\text{-}19)$$

这就是著名的 Butler-Volmer 方程，是电极反应动力学的基石。下面我们介绍它在燃料电池中的应用。

6.4.3　燃料电池的 TAFEL 近似

当电极反应达到平衡时，其电极电位处于平衡电位 E_{eq}（注意 E_{eq} 可以不等于 E^0）。此时活性物质（R 和 O）的表面浓度等于它在电解质中的平均浓度，同时反应的净电流等于零。由于平衡时阳极和阴极的电流密度相等，我们将其定义为交换电流密度 j_0：

$$j_0 = Fk^0 c_R^b \exp[\alpha F(E_{eq}-E^0)/RT]$$

$$= Fk^0 c_O^b \exp[-(1-\alpha)F(E_{eq}-E^0)/RT] \qquad (6\text{-}20)$$

c_R^b 和 c_O^b 分别代表还原物和氧化物在电解质中的平均浓度。将 j_0 代入式（6-19）得到电流 – 过电位的关系：

$$j = j_0 \left[\frac{c_R^*}{c_R^b} \exp\left(\frac{\alpha F \eta}{RT}\right) - \frac{c_O^*}{c_O^b} \exp\left[\frac{-(1-\alpha)F\eta}{RT}\right] \right] \qquad (6\text{-}21)$$

其中 $\eta = E - E_{eq}$ 代表过电位。以过电位表示的 Butler-Volmer 方程在燃料电池中应用得更加广泛。

燃料电池的运行几乎都在 0.9V 以下，此时的过电位已经很大（$\eta \gg 100\text{mV}$）。在高过电位时，方程（6-21）中的一个分支趋近于零。例如在高的正过电位下，方程（6-21）变成（暂不考虑表面浓度的影响）：

$$j = j_0 \exp\left(\frac{\alpha F \eta}{RT}\right) \qquad (6\text{-}22)$$

则：

$$\eta = -\frac{RT}{\alpha F}\ln j_0 + \frac{RT}{\alpha F}\ln j \qquad (6\text{-}23)$$

这就是传统的 TAFEL 方程（$\eta = a + b \log(j)$）。图 6-3 显示了 TAFEL 近似的 $\eta - j$ 关系。需要注意的是，在上面的讨论中我们忽略了电极表面浓度的影响。

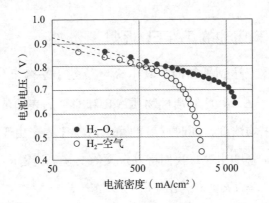

图 6-3　一个 TAFEL 近似的燃料电池极化曲线的例子

注：虚线显示的 TAFEL 直线代表电池的激活极化（η_{act}）。图中的电压是 IR 修正后的电压（$U_{\text{IR-free}}$），因而欧姆极化（η_{ohmic}）不出现在图中。在高电流时极化曲线偏离 TAFEL 直线，显示浓度极化（η_{conc}）起支配作用。

6.4.4　氢氧燃料电池的电极动力学概况

氢氧燃料电池的激活过电位等于阳极和阴极上过电位的叠加：

$$\eta_{\text{act}} = |\eta_{\text{act},a}| + |\eta_{\text{act},c}| = (a_a + b_a \ln j) + (a_c + b_c \ln j)$$

$$(6\text{-}24)$$

根据 Butler-Volmer 方程，不同的电极动力学可用动力学参数 j_0 和 α 来描述。缓慢的动力学过程（j_0 和 α 小）导致高的过电位和严重的性能下降；而快的动力学过程，过电位小，电压的下降也小。表 6-3 列出了氢气氧化反应（HOR）和氧气还原反应（ORR）在不同金属/电解质界面上的标准交换电流 j_0^0（在标准浓度下）。从此表可以看出 HOR 的 j_0 要比 ORR 的高很多，因此燃料电池的大部分激活损失是由阴极的 ORR 引起的。图 6-4 显示了氢氧燃料电池的阳极和阴极的过电位比较。

表 6-3　氢气氧化反应（HOR）和氧气还原反应（ORR）在不同金属／电解质界面上的标准交换电流 j_0^0（$T=300K$）

	金属	电解质	j_0（A/cm²）
阳极反应（HOR）	Pt	Acid	10^{-3}
	Pt	Alkaline	10^{-4}
	Ni	Alkaline	10^{-4}
	Ni	Acid	10^{-5}
阴极反应（ORR）	Pt	Acid	10^{-9}
	Pd	Acid	10^{-10}
	Pt/C	Nafion	3×10^{-9}
	PtNi/C	Nafion	5×10^{-9}
	PtCo/C	Nafion	6×10^{-9}
	PtCr/C	Nafion	6×10^{-9}

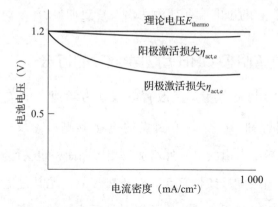

图 6-4　氢氧燃料电池的阳极和阴极的过电位及其对电池电压的影响的比较

对于 PEMFC 的阳极反应，其电催化反应机理已较明确。它通常被描述为一个两电子转移过程[5]：

$$\begin{cases} H_2 + 2M \to 2MH \\ 2MH \to 2M + 2H^+ + 2e^- \end{cases} \tag{6-25}$$

对于阴极的 ORR 来说，其反应机理比 HOR 要复杂得多。这可归结于很多原因，至少包括这些因素的贡献：①强吸附［O-O］键和高度稳定的［Pt-O］或［Pt-OH］键的形成；②四电子转移过程；③可能形成部分氧化物 H_2O_2。当进行四电子转移时，至少存在四个中间步骤，如下所示[5]：

$$\begin{cases} O_2 + H^+ + M + e^- \longrightarrow MHO_2 \\ MHO_2 + H^+ + e^- \longrightarrow MO + H_2O \\ MO + H^+ + e^- \longrightarrow MOH \\ MOH + H^+ + e^- \longrightarrow M + H_2O \end{cases} \tag{6-26}$$

文献中提出了各种各样的 ORR 的反应机理，但由于篇幅所限，这里不详细叙述。有兴趣的读者可参考专业文献［6，7］。大部分的燃料电池用空气而不是纯氧做氧化剂。由于空气中氧的浓度只有纯氧的 1/5，它的过电位（或激活损失）更加显著。

6.4.5 改善阴极 ORR 动力学速度的方法

增加交换电流密度 j_0 是改善电极动力学速度的关键。根据式 (6-20) 我们可知，j_0 受以下因素的直接影响：①反应物的浓度，②温度，③激活自由能。另外增加三相界面面积也会影响 j_0。

（1）j_0 与浓度呈线性关系。对于氢 – 氧，尤其是氢 – 空气燃料电池，增加阳极和阴极的压力可以增加反应物的浓度，从而改善电极动力学速度。然而，加压的代价是增加空气压缩机的能量消耗。现代燃料电池技术采用非常薄的聚合物电解质隔膜，它的耐压性能也限制电池堆的工作压力不能太高。

（2）提高温度从而增加 j_0。从热力学讨论我们知道，提高温度可以降低燃料电池的可逆电压（见式（6-8）），但增加温度会极大地加快反应动力学速度，从而增强燃料电池的性能。温度上升导致更多的反应物分子获得足够的能量而达到激活态，因此加快反应速度。这就是为什么我们要尽力提高低温燃料电池（包括 PEMFC）的工作温度。但对于 PEMFC，由于其有机电解质隔膜需要吸收足够的水才能传导质子，目前它的最高工作温度仍然低于100℃。

（3）降低激活自由能从而增加 j_0。使用催化剂来降低电极反应的激活自由能，从而增加反应速度，是燃料电池最有效的策略。高效催化剂材料的设计和催化理论的研究是燃料电池领域的研究热点与重点。催化剂降低激活自由能的一个可能解释是，催化剂改变反应的能量路经。尽管催化剂在反应前后并不变化，但它有可能参与电极反应的某些中间步骤。一个显著的例子是 H_2 和 O_2 分子需要先化学吸附在催化剂 M 表面上，形成［M-H］或［M-OH］化学键，然后才能发生电荷转移形成产物[6][7]。因此［M-H］或［M-OH］键的化学本质会影响反应的激活自由能。研究发现，中等强度的［M-H］或［M-OH］键具有最高的催化效果。一方面，如果［M-OH］键（［M-H］键类似）太弱，OH 很难结合到催化剂表面，因此很难发生电荷转移，转化成产物的概率就低。另一方面，如果［M-OH］键太强，OH 很难从 M 表面离开，相当于催化剂表面不再具有活性。研究发现，Pt 系金属（包括 Pt、Pd、Ir 和 Rh）同时对 HOR 和 ORR 具有较高的催化活性。

目前 PEMFC 采用的电催化剂主要是 $1 \sim 5nm$ 的铂（Pt/C）或铂合金（PtM/C）颗粒分散在 $10 - 30nm$ 的碳颗粒上。电催化剂的载体通常为各种炭黑材料，如 Vulcan XC-72、Black Pearal 2000 等。目前广泛使用的纯铂催化剂有 30wt% Pt/C 和 50wt% Pt/C 两种。添加少量的合金元素可以使铂催化剂的性能进一步提高，同时增强催化剂的耐久性。一个典型的例子是 Pt_3Ni/C，其催化活性比纯铂催化剂高数倍。铂合金催化剂一般是 Pt 和过渡族金属（Co、Ni、Mn 等）形成的合金。由于 Fe^{2+} 是一种 Fenton 试剂，会导致 Nafion 膜降解，因此 Fe 很少用作 PtM/C 催化剂。合金元素 M 提高 Pt 的催化活性可能有两个方面的原因：①几何因素，合金元素导致 PtM 中 Pt-Pt 原子间距比纯 Pt 的 Pt-Pt 原子间距短，有利于 O 或 OH 的化学吸附；②电子特性因素，合金元素与 Pt 间有电子云的转移，增加了 Pt 的 3D 电子空穴率，增强了氧分子在 Pt 表面的吸附、离解作用。合金化增强催化剂的耐久性可能与合金元素对 Pt 的锚定作用有关。由于过渡金属元素（如 Nb、Mn 等）容易与碳形成合金，从而增加 PtM 在碳表面的迁移阻力，能够有效抑制 Pt 颗粒的聚集。改变合金组成还可以改变铂催化剂的耐氧化能力和抗溶解性能。

目前燃料电池催化剂的研究重点主要是两个方面：一是尽量提高 Pt 的利用率，减少单位面积的使用量。二是寻找新的价格较低的非贵金属催化剂。Pt 的用量在目前的水平上（约 20 克/车）还需要降低一半以上，达到低于 10 克/车，方才可能商业化。尽管非贵金属催化剂的研究已经取得了长足的进展，但它还达不到汽车要求的催化活性和能量密度。同时，目前的非贵金属催化剂集中在 Fe-N-C 类[8]，由于 Fe 对电解质隔膜的破坏作用，寻找 Fe 的替代物是必要的。

（4）增加单位面积上催化剂层内的活性点。另外还有一个因素对 j_0 有影响，但不出现在公式（6-20）中。这是因为 j_0 的定义是基于电极的几何（或平面）面积，而不是物理上的反应表面积。实际的反应面积要比电极几何面积大成百上千倍。如果增加单位几何面积上的活性点，j_0 也会相应增加。这个关系可表示为：$j_0 = j_0' \dfrac{A'}{A_0}$，其中下标 0 表示基于几何面积，上标 ' 表示基于物理反应面积。有两个途径可以增加单位几何面积上的活性点：一是增加电极厚度，二是增加单位体积的反应活性点。增加电极厚度的代价是反应气体的传输阻力也增加。所以现在催化电极的设计大多集中在增加单位体积的反应活性点上。

6.5 燃料电池的电荷传输和欧姆损失

本节我们讨论电荷的传输导致的燃料电池电压的降低。在燃料电池中，电子和离子都参与电极反应，也都需要传输一定的距离达到反应场所。由于它们的传输都遵循欧姆定律，所以引起的燃料电池电压损失又叫欧姆损失（或 *IR* 损失）。

6.5.1 电荷的传输

燃料电池的电荷包括电子和离子（例如质子）。电子在燃料电池构件中（包括催化剂层、气体扩散层、双极板和外电路）的传输是仅在电势梯度（或电压）下的传导。相对而言，离子在燃料电池中的传输要复杂得多。它的驱动力既可以是电势梯度（电导）、化学势或浓度梯度（扩散），也可以是压力梯度（对流）。但是研究发现，在燃料电池正常运行的环境下，电势梯度是离子传输的支配力量，因而我们可以忽略其他驱动力的影响。电子和离子的传输可由如下公式统一描述：

$$j = \sigma \frac{\mathrm{d}U}{\mathrm{d}x} \tag{6-27}$$

其中，j 是电流密度，$\frac{\mathrm{d}U}{\mathrm{d}x}$ 是电场强度（即电位梯度）；σ 是导电率（S/cm），它的倒数就是电阻率。

6.5.2 欧姆电压损失

由于电阻的作用，电荷的运动导致电压损失。其大小可以从欧姆定律得到，我们称这个电压损失为欧姆损失，用 η_{ohmic} 表示：

$$\eta_{ohmic} = iR_{ohmic} = i(R_{elec} + R_{ionic}) \qquad (6-28)$$

式中，电阻 R 是电子电阻和离子电阻的总和。电子电阻包括双极板和气体扩散层的电阻以及各种接触电阻；离子电阻主要是离子在电解质隔膜中传输而引起的。在一个设计较好的燃料电池中，离子电阻一般要比电子电阻高一到两个数量级，因此我们主要考虑离子的电阻 R_{ionic}。式（6-28）显示了欧姆损失与电流成正比，表现在极化曲线上就是电池电压随电流直线下降。这个现象大多发生在中等电流时。

在燃料电池实践中我们习惯用电流密度，因此我们可以定义一个面电阻，使得 $\eta_{ohmic} = j(ASR_{ohmic})$。

$$ASR_{ohmic} = A_{cell}R_{ohmic} \qquad (6-29)$$

面电阻可以直接用来比较不同电池的表现。现代燃料电池的面电阻一般为 $50 \sim 80\Omega \cdot cm^2$。

6.5.3　聚合物膜的离子导电率

燃料电池的离子电阻主要来源于其电解质。PEMFC 常用的电解质是全氟磺酸型膜，其代表是 Nafion 隔膜。Nafion 是一种共聚物，它的骨干与聚四氟乙烯（PTFE）类似，但侧链的末端含有磺酸基（ $-SO_3H$ ）。PTFE 骨干为 Nafion 提供了较好的机械性能，而 $-SO_3H$ 提供质子导电性。普遍认为 Nafion 隔膜在吸水后形成相分离，其中 $-(CF)_2-$ 链积聚形成一个憎水相，它的自由体积允许气体分子传输；$-SO_3H$ 凝聚而形成亲水的离子簇。当 Nafion 隔膜吸水时，质子就水化从 $-SO_3H$ 中离解出来形成 H_3O^+。随着隔膜吸水的增加，相邻的离子簇会连在一起，从而极大地增强离子导电性。当 Nafion 隔膜的水化程度很高时，它的质子导电率与水溶液电解质相当。离子（例如 H^+ ）

在 Nafion 隔膜中的导电率可由下式表示：

$$\sigma T = A_{PEM} e^{-E_a/RT} \tag{6-30}$$

其中 A_{PEM} 是一个与 PEM 有关的常数，E_a 是离子移动的激活能。这个公式表明离子在电解质隔膜中的传导是一个热激活过程——温度越高，导电率越大。

Nafion 隔膜的离子导电性也与其吸水量有关。Nafion 的含水量 λ 可定义为每个 $-SO_3H$ 吸收的水分子数；它强烈依赖于环境的相对湿度。下式是一个经常使用的 Nafion 隔膜的质子导电率的经验公式[9]：

$$\sigma(T, \lambda) = (0.005\,193\lambda - 0.003\,26)\exp\left[1268\left(\frac{1}{303} - \frac{1}{T}\right)\right] \tag{6-31}$$

如果进一步知道隔膜中的水分布，我们就可以计算出隔膜的离子电阻：

$$R_m = \int_0^{t_m} \frac{dz}{\sigma[\lambda(z)]} \tag{6-32}$$

其中，t_m 是隔膜的厚度。这是燃料电池模拟中经常用到的方法。

6.6　燃料电池的物质传输和浓度损失[3][4]

本节我们讨论中性物质（也就是不带电荷）的传输对燃料电池性能的影响。在氢氧燃料电池中，物质传输包括燃料（H_2）和氧化剂（O_2）的连续供给以及产物水的及时排除。它与前面讨论的电极电荷转移以及电荷的传导一起构成燃料电池的主要动力学过程。物质传输看起来简单，但实际上相当复杂，它涉及非常宽的尺度上（从 nm 到 cm）的多种传输机理。

6.6.1　极限电流密度

考虑一个简化的电极反应，式（6-16）中的物质传输情形，如

图 6-5 所示。在电极反应刚开始时，反应物的表面浓度等于它在电解质中的平均浓度 c_R^b。随着反应的进行，电极表面的浓度（c_R^*）开始降低。周围电解质中的反应物向电极表面扩散，从而形成一个厚度为 δ 的扩散层。在扩散层内的浓度分布可用线性关系近似处理。如果电极反应的速度足够快，我们可以认为反应物一旦传递到电极表面就会立即反应掉。因此电极反应的电流密度可表示为：

$$j = nFD_R \frac{c_R^b - c_R^*}{\delta} \tag{6-33}$$

当 $c_R^* = 0$ 时，反应物的传输速度达到最大，电极反应产生的电流也达到最大值，称为极限电流密度：

$$j_L = nFD_R \frac{c_R^b}{\delta} \tag{6-34}$$

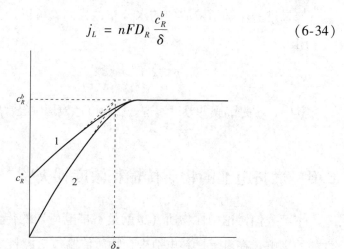

图 6-5　电极反应 R↔O + e 的反应物在电极表面的传输示意图

6.6.2　浓度影响反应速度——浓度损失

Butler-Volmer 方程显示了电极反应动力学速度受表面浓度的影响，通常只有在高电流时表面浓度对物质传输才有显著的影响，因此我们集中讨论高电流区间。从 Butler-Volmer 方程我们得到（忽略第二个分支）：

$$\eta_{act} = \frac{RT}{\alpha F} \ln \frac{j c_R^b}{j_0 c_R^*} \qquad (6\text{-}35)$$

为了更好地理解浓度对反应动力学速度的影响，我们定义一个浓度损失 η_{conc}，为当浓度从 c_R^b 变化到 c_R^* 时 η_{act} 的差别为：

$$\eta_{conc} = \eta_{act}^* - \eta_{act}^b = \frac{RT}{\alpha F} \ln \frac{c_R^b}{c_R^*} \qquad (6\text{-}36)$$

结合式（6-33）和式（6-34）得到：

$$\frac{c_R^b}{c_R^*} = \frac{j_L}{j_L - j} \qquad (6\text{-}37)$$

因此：

$$\eta_{conc} = \frac{RT}{\alpha F} \ln \frac{j_L}{j_L - j} \qquad (6\text{-}38)$$

考虑到浓度也会影响热力学可逆电位（结果与上式相似，推导请参考文献），一般我们用下式表示浓度损失：

$$\eta_{conc} = c \ln \frac{j_L}{j_L - j} \qquad (6\text{-}39)$$

c 通常近似为一个经验常数。从上式可以看出，当电流接近极限电流 j_L 时，η_{conc} 会急剧增大，从而导致燃料电池电压降为零，如图 6-6 所示。

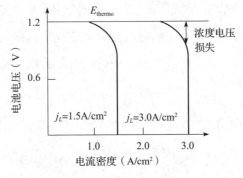

图 6-6　浓度损失对燃料电池性能的影响

6.6.3 双极板中的气体传输——对流

双极板的一个重要功能是在整个活性表面上均匀地分配反应气体，同时排除反应生成的产物（例如：水）。尽管存在一些非常规的设计（例如丰田 Mirai 的网格设计），流道仍然是目前最常用的流场设计。现代流场设计的趋势是采用细小的流道以保证恒定的气流和均匀的气体分配。小流道也保证更多的电极接触点，利于电流的传递。要准确地分析这些流道里的气体传输需要用到 CFD 模拟。然而，对一些简单流动情形的理论分析是可能的，也是有益的。

对气体在燃料电池流道中的流动我们最关注的是两个方面：一是沿流道的压力降 dp/dx；二是气体在垂直方向上从流道向电极的传输。沿流道的压力降是气体流动的驱动力，增加压力降可以提高气体流动速度，从而增强对流传输。这个压力降也是选择压缩机的重要依据。燃料电池的流道通常是长方形或近似于长方形，它的压力降可以表示为：

$$\frac{dp}{dx} = \frac{4}{D_h^2} f\, Re_h\, \mu \bar{v} \qquad (6\text{-}40)$$

其中 $D_h(\ =4A/P)$ 是流道的液压直径，Re_h 是雷诺（Reynolds）数，f 是摩擦系数，μ 是气体的黏度，$\bar{v}$ 是气体的平均速度。

气体沿垂直于管壁方向的对流会增强它向电极的传输，同时也是排除生成的水的一个重要途径。这个对流引起的物质通量可描述为：

$$J_{C,i} = Sh\frac{D_{ij}}{D_h}(\rho_{i,s} - \bar{\rho}_i) \qquad (6\text{-}41)$$

其中，Sh 是无量纲舍伍德（Sherwood）数，它依赖于流道设计。D_{ij} 是互扩散系数，$Sh\dfrac{D_{ij}}{D_h}(\ =h_m)$ 即为常见的物质传递系数。正是由于这个界面气体传输机制的作用，在气体扩散层（GDL）靠近流道的表层内会形成一个对流层，从而极大地增大气体向电极内的扩散。

燃料电池流场通常含有几十到上百个流道。这些流道的形状、大小和排列方式极大地影响燃料电池的性能。对低温 PEMFC，流道的设计还必须考虑排水的功能。一个不好的设计会导致水在局部聚集，从而阻碍反应气体的进入，导致电流的产生不均匀，严重的甚至引起电池材料的腐蚀，加速电池的衰退。流道的排列常见的有三种基本方式：平行（Parallel）、蛇行（Serpentine）和叉指式（Inter-digitated）。图 6-7 是这些基本方式的示意图。这些基本方式可组合成其他复杂的流场设计。

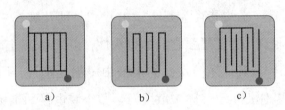

图 6-7　基本的流道排列方式

注：a）平行；b）蛇行；c）叉指式。

双极板除了传输物质外，还要传导电子和热量，因此对材料的选择比较苛刻，一般需要达到这些要求：高导电性、高耐腐蚀性、高导热性、高机械强度、低重量、易加工、低成本。能同时满足这些要求的材料并不多，常见的双极板有基于石墨和基于耐腐蚀金属（如不锈钢）的双极板两种。石墨双极板一般浇铸成型，可以形成很细小的流道。但由于石墨较脆，石墨双极板不能做得很薄。金属双极板由于强度高可以做得很薄，从而降低电池堆的体积和重量。大批量的金属双极板可由冲压加工而成。但目前的冲压变形技术限制了流道的尺寸不能太小。金属双极板的另一个问题是它需要耐腐蚀涂层来增强其抗腐蚀性。目前寻找长期稳定又具有优良性能的涂层是一个研究的热点。

6.6.4 气体扩散层的气体传输——扩散

气体扩散层是燃料电池电极的一个重要组成部分。它位于催化剂层和双极板之间，负责向催化剂表面传输反应气体。气体在其中主要以分子扩散的机制传输，因而得名气体扩散层。它的其他重要功能包括导电、导热、排水以及为膜电极（MEA）提供支撑。

气体扩散层通常是基于碳材料的双层结构，由一个碳纤维基体和一个微孔层组成。基体常见的有碳纤维纸和碳纤维布（目前碳纤维纸占支配地位）。碳纸和碳布都由碳纤维制成。它们的共同特点是有大的孔洞（平均孔径为几十微米）和高的孔隙率（>80%），所以气透性很高。为了增强它们的排水性，碳纸和碳布都在聚四氟乙烯（PTFE）或其他强憎水性的溶液中浸泡处理过，因而是憎水的。碳纤维基体提供了气体扩散层乃至整个膜电极的机械强度，要求一定的机械性能，包括压缩性、弯曲和剪切强度。所以它的厚度不能太薄，目前碳纸的厚度一般在 $200\mu m$ 左右。但高的气透性又要求碳纸越薄越好。当前的研究趋势是保证在一定机械强度的前提下尽量降低碳纸的厚度。有些厂家已经开始生产 $100 \sim 150\mu m$ 厚度的碳纸。

微孔层由碳颗粒和聚四氟乙烯（PTFE）颗粒经过烧结而形成。微孔层的孔径要比碳纸基体小得多，一般在 $0.1 \sim 1\mu m$ 之间。由于加入了大量的 PTFE（$10 \sim 30wt\%$），微孔层具有超级疏水性，它的水接触角在 $140°$ 以上。微孔层的孔径分布和 PTFE 的含量对燃料电池的水管理有重要的影响。图 6-8 显示了碳纸和微孔层的微观结构。

a) 碳纸　　　　　　　　　　b) 微孔层

图 6-8　气体扩散层的微观结构

由于气体扩散层的孔径微小（$0.1 \sim 100 \mu m$），反应气体在其中不能对流，而是以扩散的方式传输。扩散通量受浓度梯度控制：

$$J_{diff} = -D_{eff}\frac{\mathrm{d}c}{\mathrm{d}x} \tag{6-42}$$

其中，D_{eff} 是扩散系数，是气体扩散层的一个重要的材料参数。D_{eff} 不仅与材料结构（ε-孔隙率和 τ-曲折度）有关，还与气体的传输机制有关。在碳纤维基体中，由于孔径相对较大（$>1\mu m$），气体的运动方式是分子扩散。对于多组分中的气体扩散，其（互）扩散系数可表示为：

$$D_{ij}^{eff} = \varepsilon^{\tau}D_{ij}$$

$$D_{ij} = a\left(\frac{T}{\sqrt{T_{ci}T_{cj}}}\right)^{b}(p_{ci}p_{cj})^{1/3}(T_{ci}T_{cj})^{5/12}\left(\frac{1}{M_i}+\frac{1}{M_j}\right)^{1/2} \tag{6-43}$$

在微孔层中，由于其孔径进一步减小到与气体分子的微观自由程相当，此时起支配作用的扩散机制是 knudsen 扩散。knudsen 扩散系数可近似表示为：

$$D_{Kn} = \frac{d}{3}\sqrt{\frac{8RT}{\pi M_A}} \tag{6-44}$$

与气体在微孔层中扩散类似，knudsen 扩散也对气体分子在催化剂层中的扩散有贡献。

到此为止，我们已经讨论了燃料电池的热力学和动力学过程。将所有这些结果代入经验公式（6-4）我们就得到一个燃料电池极化曲线的数学表达：

$$V = E_{\text{thermo}} - (a_A + b_A \ln j) - (a_C + b_C \ln j) - (j \cdot ASR_{\text{ohmic}}) - \left(c \ln \frac{j_L}{j_L - j} \right)$$

$$(6\text{-}45)$$

其中，$\eta_{\text{act}} = (a_A + b_A \ln j) + (a_C + b_C \ln j)$，代表了激活过电位（或激活电压损失），$\eta_{\text{ohmic}} = (j \cdot ASR_{\text{ohmic}})$，代表了欧姆过电位，$\eta_{\text{conc}} = \left(c \ln \frac{j_L}{j_L - j} \right)$，代表了浓度过电位。

但在实际燃料电池运行中，会有少量反应气体渗透过电解质隔膜而传到相反的电极上，再加上一些电极副反应的发生，在式中需要加入一个附加电流——泄漏电流（j_{leak}）。所以最后的电池极化曲线公式是：

$$V = E_{\text{thermo}} - \left[a_A + b_A \ln(j + j_{\text{leak}}) \right] - \left[a_C + b_C \ln(j + j_{\text{leak}}) \right]$$

$$- (j \cdot ASR_{\text{ohmic}}) - \left[c \ln \frac{j_L}{j_L - (j + j_{\text{leak}})} \right] \qquad (6\text{-}46)$$

这个公式已被广泛用来解释燃料电池的性能及其在使用过程中的性能变化。

6.7 汽车燃料电池系统简介

汽车燃料电池的目的是为汽车提供适时、适量的动力。为了达到这个目的，燃料电池必须有一套相应的辅助系统。当前汽车用燃料电池几乎都是基于 PEMFC 的。尽管不同的汽车公司有不同的设计，但一个 PEMFC 电池系统一般会包含这些典型的部件（子系统)：①电池堆，②燃料（H_2）和空气供给系统，③热管理系统，④电性能控制系统等。图 6-9 是一个燃料电池系统示意图。在此我们只选择性地介绍几个子系统，其他系统可参考本书的其他章节或其他文献。

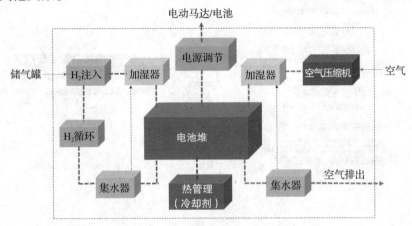

图 6-9　汽车燃料电池系统示意图

注：虚线框以外的部件，包括储气罐、电机、储能电池等，一般都不包括在燃料电池系统中。

6.7.1　燃料电池堆

从前面的介绍我们知道，单个燃料电池的电压输出低于 1V，其最佳工作电压位于 0.6 ~ 0.7V，而汽车的电机驱动要求几百伏的电压。为增加电压，常用的策略是将单电池堆叠起来，形成一个电堆。汽车用燃料电池堆一般都含有几百个单电池。在确定单电池数目后，电池的有效面积一般由汽车的最大功率要求决定。电堆的设计还要综合考虑这些要求：①结构简单，方便制造；②有效地利用汽车空间；③高效的气体分配；④高效的冷却方案；⑤可靠的密封。

由于燃料电池是一个新型产业，还没有成型的制造工艺和流程，因此一个有效的方式是先将膜电极（MEA，含气体扩散层）、双极板和密封层通过焊接或黏接集成在一起，制成一个统一的电池部件，如图 6-10 所示。然后将这些单个的电池部件组装起来制成电堆。这种制造方式的好处是可以减少浪费，从而降低成本。

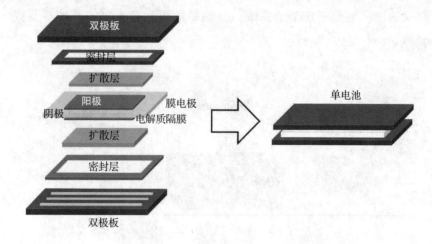

图 6-10　集成单电池的制造示意图

汽车内可利用空间的限制对电堆的包装和放置提出了独特的要求。将电堆放在前盖下取代燃油发动机的位置是常见的方式，例如本田的燃料电池汽车 Clarity。丰田的 Mirai 是将电堆放置在驾驶员座位下。另外，电堆的放置还要考虑气体，特别是空气的流动方向。根据空气的流动方向，燃料电池电堆可有三种不同的放置方式：垂直式、水平式和平锅式。

6.7.2　燃料（H_2）和空气供给系统

由于氢燃料电池的燃料（H_2）和氧化剂（空气）都是气体，因此我们把它们的供给系统放在一起介绍。但实际上这两套供给系统的工作原理完全不同，所用的构件也大相径庭。氢气系统要将储气罐中的高压气体降低压力并要考虑废气的再循环。对空气则需要增加压力以增大流量。

氢气供给循环系统是由减压阀、电磁阀、氢气回流控制以及管路组成。氢气回流是提高氢气能源利用率，稳定可靠地向阳极供给氢气的关键。我们可以用两种方式来实现氢气回流：一种方式是用涡旋泵将电堆反应后剩余的氢气回收重新输入电堆中，另一种方式是用一个几个喷射器的组合来达到所希望的再循环气体的流量。

由于喷射器不用电力，没有移动和转动机件，系统简单可靠，它已经越来越多地应用于氢气循环系统中。其工作原理可用图 6-11 来帮助说明。当从储气罐出来的高压氢气（一次气体）经过喷嘴时，由于喷射气流速度特别高（超过音速），它将压力能转变为速度能，使吸气区的压力降低产生真空。低压二次气体（从电堆出来的未反应的氢气加水蒸气）被抽吸入混合室（包括一个收缩段和喉径），与一次气体充分混合达到一个均衡的速度，再经过扩张段，混合气体的速度降低，压力升高，以需要的压力进入电堆。喷射器巧妙地利用了压缩氢气的高压，以不消耗额外能量的方式提高了阳极废气的压力，促进了氢气的再循环利用。

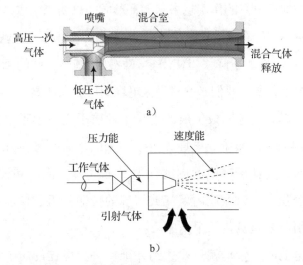

图 6-11　喷射器装置图和工作原理示意图

空气供给系统包含空气过滤器、空压机/吹风机、增湿器等部件。

为了持续给电堆供应空气，空压机被广泛地使用于阴极的供气系统中。空压机有螺杆（Screw）、涡旋（Turbo）、活塞（Piston）和滚轮（Scroll）式，其中最常用的是涡旋压缩机。一般燃料电池在排气管道（特别是阴极）的出口处装设一个集水器。集水器冷却并收集部分水蒸气，然后可供给增湿器以增加进气的湿度。集水器上设有溢流装置。反应后剩余的氧（即空气）一般不循环利用而是直接排出车外。

6.7.3　燃料电池水管理系统

PEMFC 中的水来源于由电化学反应生成的水（在阴极）和由加湿的气体带入的水。水在 PEMFC 中的迁移相当复杂。它在电解质隔膜中可以两种形式传输：一是电渗，即在电场作用下，随水化的质子携带从阳极传输到阴极；二是扩散，即水从浓度高的地方（阴极）向浓度低（阳极）的地方扩散。电渗和扩散的作用方向相反，如果两者的速度相等，电解质隔膜中的水含量会处于平衡。在实际运行中，随着电流的增加，电渗的作用越来越大，形成的总结果是水从膜的阳极侧向阴极侧净迁移，导致阳极脱水变干，造成电池离子电阻的急剧上升和 PEMFC 的性能下降。当使用空气做氧化剂时，膜的阳极侧脱水变得更为严重，所以我们必须对进入电堆的反应气加湿。

另外，燃料电池阴极生成的水除了被质子交换膜吸收保证其高含水量（因而有高质子导电性）外，多余的水必须被排除。如果水排除不及时，它就会在电池内的孔隙（如气体扩散层和催化剂层）和流道中聚积，导致电池内氢气或氧气的传输受阻和性能下降。阴极淹没是引起浓差极化的根本原因。

燃料电池的水管理就是要达到并维持一个最佳的质子导电性和最大的气体扩散之间的平衡。难点在于，这个平衡不是一个静止的状态，而是随温度、压力、电流密度、反应气的湿度以及反应气的流量而变化。经常采用的水管理方法包括调节反应气的湿度，改进电池内部结构，改进流场设计等。

反应气体的加湿技术一般有外加湿和内加湿两种。外加湿就是让反应气体通过加湿器然后进入电堆。外加湿技术又可分为增温加湿、蒸气注射加湿和液态水喷射加湿。增温加湿是使反应气体通过一个水容器，水在一定温度下蒸发，并被反应气带入电堆。蒸气注射加湿是通过附加在导流通道上的隔膜向反应气体中连续注入水蒸气。水蒸气的来源可以是电池排出的废气。隔膜必须有高的透水性，常见的有多孔亲水媒介（如棉布）和 Nafion 隔膜。液态水喷射加湿是在电堆的入口直接向反应气体注入小颗粒状的液态水。

内加湿技术是指利用渗透膜对反应气体进行加湿，即膜的一侧通入热水，另一侧通入要加湿的气体。水在膜内通过浓差扩散来传输。内加湿通常要增加电堆的尺寸，因为它需要足够面积的渗透膜才能达到需要的气体湿度。还有一种内加湿是采用特殊的具有水渗透性的双极板，利用反应气体的压力促使水通过双极板的传输。不论使用哪种加湿方法，目前的趋势都是尽量减小加湿器的尺寸，甚至完全取消加湿器。

通过改进电池内部结构来加湿的技术主要是通过设计新型的双极板结构和优化 MEA 的结构来增加湿度。丰田 Mirai 就采用了金属网格的双极板技术而取消了加湿器。通过改进膜电极的材料（如在催化剂层中加入吸水材料）和制作工艺来改善电池内部的水的迁移，已成为各燃料电池科研单位研究的热点。但这种加湿策略需要对系统状态（特别是膜的水含量）的严密监测，并有配套的系统设计来防止灾害性后果的发生。

当温度降低时，液态水在电池内的聚积会变得更加严重。这是因为气流中所能含有的水蒸气随温度呈指数关系降低。一个常见的问题是当燃料电池停止工作后，大量的水在流道特别是流场出口处凝结而积累。如果燃料电池汽车是在零度气温下工作，这些凝结的水就会结成冰，严重的会将流场完全堵塞而导致汽车不能再次启动。防止这个与冷启动有关的问题也是水管理的一部分。一个常用的系统操作策略是在电堆停止工作时，通入大流量的空气或氮气吹扫电池的流场，以排除流道中的积水。吹扫可分为高温和低温两种。高温（例如60℃）吹扫可有效地排除水分，但它排水不完全。低温（例如5℃）吹扫可保证水气的完全排除，但需要的时间长，能量消耗大。目前一般的吹扫策略是将高温和低温吹扫结合，从而达到有效性和能耗的平衡。

6.7.4   燃料电池热管理系统

燃料电池的效率为50%~60%，也就是说有40%~50%的能量以热的形式散发掉。废热的产生会使电池温度升高，电解质隔膜脱水甚至破裂。因此电池组的热管理（即温度控制）也是影响电池性能的关键因素之一。

燃料电池中的热量来源包括：①由于电池的不可逆性而产生的化学反应热；②由于电阻而产生的焦耳热；③加湿的反应气体带入的热量。其中大部分的废热是不可逆的电池反应产生的热，它可表示为：

$$Q_{waste} = NjA(E_{rev} - U_{cell}) \tag{6-47}$$

式中，N 表示单电池数目，j 是电流密度，A 是单电池有效反应面积，E_{rev} 是热力学可逆电压，U_{cell} 是电池的实际工作电压。

由于燃料电池中热的产生和传导的特性，电池在两个方向上存在温度梯度[10]：一个是从阴极催化剂层到双极板表面，测量表明，阴极催化剂层的温度可比双极板的温度高3~5℃。另一个是从气体通道的入口到出口，这个温度差可高达 5～12℃。这两个温度差都影响燃料电池的工作。

尽管燃料电池的尾气会带走部分热量，电池表面的自然对流也散失部分热量，但以这两种方式带走的热量只占总废热量的一小部分。为了不使产生的废热造成电池过热而影响电池性能及各个电池部件的安全运行和寿命，我们必须采用有效的散热方式及时地排除这些热量。

PEMFC 的散热方法一般是采用液体冷却介质。冷却液流经双极板背面的冷却槽道，带走热量从而控制双极板的温度。选用冷却介质时除了要考虑良好的传热性外，还应考虑优良的材料相容性（特别是对双极板和密封材料）和介电特性（防止泄漏后对电气性能的破坏）。水是目前普遍应用的冷却工质。如果燃料电池汽车要在低于零度的温度下使用，冷却液可采用水和乙二醇（Ethylene Glycol）按照一定比例调成的混合物。

由于 PEMFC 和环境间的温差较小，通常要求用强迫对流的方式将冷却液用泵送到各冷却通道。燃料电池的热管理系统由水泵、热交换器和水温传感器等部件组成，和传统内燃机散热小循环系统类似。

参考文献

［1］　傅献彩，等．物理化学［M］．5 版．北京：高等教育出版社，2006.

［2］　Atkins P, De Paula J, Keeler J. Atkins' Physical Chemistry［M］. Oxford：Oxford University Press，2018.

［3］　O'hayre R, Cha S W, Prinz F B, et al. Fuel Cell Fundamentals

[M]. New York: John Wiley & Sons, 2016.

[4] Bard A J, Faulkner L R, Leddy J, et al. Electrochemical Me thods: Fundamentals and Applications[M]. New York: John Wiley & Sons, 2001.

[5] Kordesch K, Simader G. Fuel Cells and Their Applications [M]. Weinheim: Wiley-VCH, 1996.

[6] Wieckowski A. Fuel Cell Catalysis: A Surface Science Approach [M]. New York: John Wiley & Sons, 2009.

[7] E Santos, W Schmickler. Catalysis in Electrochemistry: From Fundamentals to Strategies for Fuel Cell Development[M]. New York: John Wiley & Sons, 2011.

[8] Chen Z, Higgins D, Yu A, et al. A Review on Non-precious Metal Electrocatalysts for PEM Fuel Cells[J]. Energy & Environmental Science, 2011, 4(9): 3167-3192.

[9] Springer T E, Zawodzinski T A, Gottesfeld S. Polymer Electrolyte Fuel Cell Model [J]. Journal of the Electrochemical Society, 1991, 138(8): 2334-2342.

[10] Kandlikar S G, Lu Z. Fundamental Research Needs in Combined Water and Thermal Management within a Proton Exchange Membrane Fuel Cell Stack under Normal and Cold-start Conditions [J]. Journal of Fuel Cell Science and Technology, 2009, 6(4): 1-44.

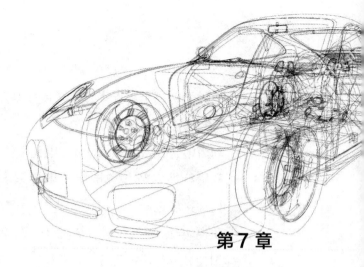

第7章

燃料电池测试

我们通过一定的测试技术来测试燃料电池，可以分析燃料电池材料的微观结构、燃料电池的电化学性能，从而达到评价燃料电池材料的物理特性的优劣、电化学性能的好坏和电堆设计是否足够优化的目的。本书主要在汽车应用层面上分析，主要关注燃料电池在汽车应用中的主要测试技术。

7.1 燃料电池测试参数及平台

在燃料电池的测试中，根据不同的测试需求，我们可能需要测试的燃料电池特性参数主要包括以下几点[1,2]。

（1）燃料电池材料的物理特性的参数：

- 电极结构（孔隙率、弯曲率、电导率）。
- 催化剂结构（厚度、孔隙率、催化剂负载、颗粒大小、电化学活性表面积、催化剂利用率、三相界面、离子传导率、电子传导率)。

(2)燃料电池的电化学参数:

- 动力学特性(η_{act}、j_0、α、电化学活性表面积)。
- 欧姆特性(R_{ohmic}、电解质电导率、接触电阻、电极电阻、内部接触电阻)。
- 质量传输特性(j_L、D_{eff}、压强损耗、反应物/生成物均匀性)。

(3)燃料电池的电堆性能的参数:

- 总体性能($I\text{-}U$曲线、功率密度)。
- 寿命问题(寿命测试、退化、循环、开启/关闭、失效、侵蚀、疲劳)。
- 热产生/热平衡。
- 流场结构(压降、气体分布、电导率)。
- 寄生损耗(j_{leak},副反应、燃料渗漏)。

燃料电池材料的性能测试主要采用:光学显微镜(OM)、扫描电子显微镜(SEM)、透射电子显微镜(TEM)、原子力显微镜(AFM)、俄歇电子光谱(AES)、X射线光电子能谱(XPS)和二次离子质谱法(SIMS)等。关于燃料电池材料部分的测试技术请参见其他书刊中的材料表征内容。

关于燃料电池测试平台,由于燃料电池是一个电化学发电装置,其性能在很大程度上取决于工作的外部条件参数,如燃料(H_2)浓度、工作压强、温度、湿度水平以及反应气体的流速等,因此一个良好的测试平台应当对这些工作参数和负载参数提供灵活的控制。实验中,工作于80℃质子交换膜的燃料电池的氢气浓度一般高于99.999%。另外,解压阀、电磁阀、质量流控制器、压力计和温度传感器可以不断地监控测试过程中燃料电池的工作条件。对

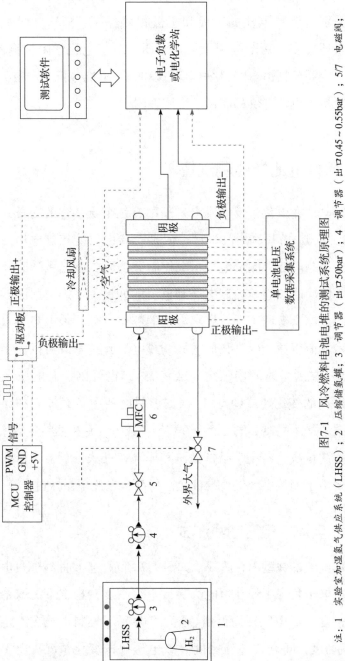

图7-1　风冷燃料电池电堆的测试系统原理图

注：1　实验室加湿氢气供应系统（LHSS）；2　压缩储氢罐；3　调节器（出口50bar）；4　调节器（出口0.45～0.55bar）；5/7　电磁阀；6　质量流量控制器。

于电流－电压极化曲线和中断电流法测试，测量装置至少有两个引出端，分别与燃料电池的阳极和阴极相接。为了消除导线上的损耗，通常还会多出两个端用于测量电压。对于电化学阻抗谱测试，测试装置主要包括恒电势仪/恒电流仪和一个阻抗分析仪。图 7-1 为一个风冷燃料电池电堆的测试系统原理图。

7.2 燃料电池性能测试技术

燃料电池在电化学反应发电过程中有三个最基本的变量，即电压（U）、电流（I）和时间（t），但是实验中仅能控制电压、测量电流，或控制电流、测量电压，或控制和测量二者之一随时间的变化，而不能同时独立地控制电压和电流的变换关系。根据测试过程中选取的控制参数的不同，燃料电池的测试可分为恒电势技术和恒电流技术。值得注意的是，恒电势（或电流）技术既可以控制电压（或电流）在测量时间内恒定（或稳态），也可以控制电压（或电流）随时间的变化（或动态）。根据燃料电池中负载加载和参数选取的不同，常用的测试方法有：电流－电压（I-U 曲线）测量法、电流干扰测量法、电化学阻抗谱法和循环伏安法（CV）。而循环伏安法主要用于测试燃料电池的催化剂材料，在此不做探讨。

7.2.1 电流－电压曲线测试

燃料电池的典型 I-U 曲线，如图 7-2 所示。I-U 曲线通过电化学工作站或电子负载工作在恒电势（或电流密度）模式下测取稳态下的电流密度（或电压）而得到。图 7-2 显示了燃料电池在给定电压（或电流密度）下输出电流密度（或电压）的变化情况。由于高性能的燃料电池损耗较小，在给定电压（或电流密度）情况下会输出

一个较高的电流密度（或电压），因此燃料电池的电流 – 电压曲线
能直观地反映燃料电池的性能。图 7-2 中包含了燃料电池的电流 –
电压曲线，通过转换还可以间接地反映燃料电池的活化损耗，详细
分析参见文献［1，2］。

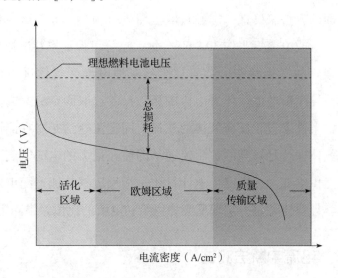

图 7-2　电流 – 电压曲线图

　　由于燃料电池是否工作在稳态和测试条件下会显著影响其性
能，因此在测量燃料电池 *I-U* 曲线时，应注意燃料电池测试点是否
达到稳态，并记录下测试燃料电池的工作条件。稳态是指电压和电
流测试结果不随时间改变。根据燃料电池电堆的功率大小的不同，
燃料电池达到稳态的时间将有所不同，达到稳态可耗时几秒钟、几
分钟甚至几个小时。对于小型燃料电池，我们可以通过试探性地逐
步减小电压（或电流密度）测试速率（两个测试点的时间间隔）的
方法来测量 *I-U* 曲线，即降低测试速率不再影响 *I-U* 曲线的结果，
那么说明当前测试速率不影响燃料电池 *I-U* 曲线的测试结果，因此
是合理的。对于车用等大型燃料电池，它达到稳态需要 30 分钟或更
长时间，由于时间的限制，通常选 10 ~ 20 个测试点来测试燃料电池

的 *I-U* 性能。对于测试条件，从燃料电池的反应动力学可知，燃料电池的温度、压强和物质浓度等能显著影响燃料电池的性能，因此为了对比燃料电池的性能，我们需选取恰当的运行条件、测试过程和装置情况等。为了获取可信的燃料电池 *I-U* 曲线，一般采用以下几个方面的方法来确保：①燃料电池需进行预热，如测试前让电池在固定电压或电流下工作 30 ~ 60 分钟，这样可保证燃料电池系统处于一个很好的平衡状态；②监控燃料电池电堆和气体进出口的温度；③监控燃料电池气体进出口的压强；④选取固定流速或固定化学计量比条件来设置反应气体的流速。固定流速法是指在测试过程中反应气体保持足够高的恒定流速，即使在最大的电流密度下反应气体仍然供给充足。固定化学计量比是指反应气体流速随电流的增加按化学计量比调整，实现反应物供给和电流的比值始终固定。

7.2.2　电流中断法测试

电流中断法主要用于测试燃料电池的内部电阻、活化损耗及浓度损耗的总和。电流中断法原理如图 7-3 所示。图 7-3a 为燃料电池电流的变化图。图 7-3b 为电压随时间变化的曲线。燃料电池由中断电流法测试得到的动态响应可用图 7-3c 的等效电路来模拟。在切断电流的瞬间，燃料电池电压上升是由于去除了电阻的影响。之后的电压上升与燃料电池的反应过程和质量传输过程有关，分别可用依赖于时间的 RC 单元和 Warburg 单元来模拟，其中 Warburg 单元用于表示燃料电池中电化学反应的质量传输阻碍[1]。

在图 7-3 中，当燃料电池的负载电流为 I_1 时，稳态电压为 U_1，当电流突然中断为零，电池电压瞬间升至 U_2，这一电池电压的瞬时回弹与燃料电池的欧姆过程相关联。因此，燃料电池在 I_1 电流负载下必然经历了 $U_2 - U_1$ 的欧姆损耗：

$$\eta_{\text{ohmic}} = U_2 - U_1 \tag{7-1}$$

欧姆电阻可由 η_{ohimic} 和电流算出：

$$R_{\text{ohmic}} = \frac{\eta_{\text{ohimic}}}{I_1} \tag{7-2}$$

经过一段时间，燃料电池的电压大约恢复到 U_3 的终值，因此，该燃料电池在 I_1 电流负载下的活化损耗和浓度损耗总共约为 $U_3 - U_2$。

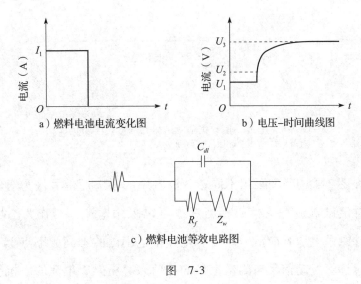

a) 燃料电池电流变化图　　　b) 电压-时间曲线图

c) 燃料电池等效电路图

图　7-3

7.2.3　电化学阻抗谱测试

燃料电池电化学阻抗谱测试为我们分析燃料电池的欧姆损耗、阳极活化损耗、阴极活化损耗和物质传输损耗提供了有力的技术条件。电化学阻抗谱测试的原理是在燃料电池上施加一定幅值和频率的正弦电压扰动信号（或电流扰动信号），同时测量电流响应信号（或电压响应信号）。由于电化学阻抗谱测试需要燃料电池工作在线性工作区中，而燃料电池系统不是一个线性系统，因此需用小信号来测试，以确保燃料电池工作在稳定的平衡状态中，如图7-4所示。

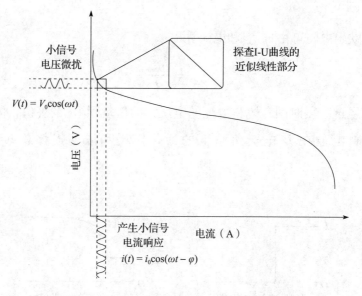

图 7-4   施加小信号扰动测试得到的电化学阻抗谱
注：可认为燃料电池工作于近似线性部分

在图 7-4 中我们采用不同正弦波频率的小电压信号作为激励信号，并测试电流响应信号，当然也可以采用电流信号作为激励信号，并测试电压响应信号。在一定频率范围内的不同频率点上，我们通过计算扰动信号与测试信号的比值来分析燃料电池的阻抗变化情况。燃料电池在交流小信号的激励和响应下，阻抗可用公式（7-3）计算。若激励信号用复数表示，则阻抗可表示为公式（7-4）：

$$Z = \frac{V(t)}{i(t)} = \frac{V_0 \cos(\omega t)}{I_0 \cos(\omega t - \varphi)} = Z_0 \frac{\cos(\omega t)}{\cos(\omega t - \varphi)} \qquad (7-3)$$

$$Z = \frac{V_0 e^{j\omega t}}{I_0 e^{(j\omega t - j\varphi)}} = Z_0 e^{j\varphi} = Z_0 (\cos\varphi + j\sin\varphi) \qquad (7-4)$$

其中，燃料电池阻抗的实部和虚部分别为 $Z_0 \cos\varphi$ 和 $jZ_0 \sin\varphi$。把所有频率点的实部和虚部画在复平面上，我们可以得到具有代表性的燃料电池电化学阻抗谱的 Nyquist 曲线，如图 7-5a 所示。该曲

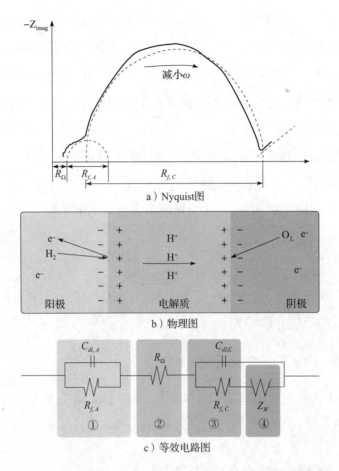

a）Nyquist图

b）物理图

c）等效电路图

图 7-5 燃料电池阻抗模型的 Nyquist 图、物理图、等效电路图

线在高频处与实轴产生交点，之后随着频率的降低出现两个半径不同的半圆，另外在半圆后还可能出现向上翘的斜线。燃料电池的膜电极反应界面的原理如图 7-5b 所示。图 7-5c 表示燃料电池典型的等效电路模型。在等效电路模型中，②部分表示燃料电池中电子和质子传输的总电阻效应（R_{omhic}）。阳极的反应界面可用图 7-5c 中的①部分表示，其中电阻表示电化学反应过程的动力学电阻（$R_{f,A}$），而电容表示反应界面的电容效应（$C_{dl,A}$），引起此电容效应的原因是反应界面上发生了显著的电荷分离，即电子聚集在电极上，对应的

离子聚集在电解质里，这样就在反应界面形成了等效电容。在阴极，电化学的反应界面可采用与阳极反应界面的等效电路表示，如图 7-5的③部分所示（$R_{f,c}$和 $C_{dl,c}$）[2]。另外，由于阴极的氧气及水等物质的传输可能受到限制，因此在阴极部分增加了一个表示质量传输阻抗的 Warburg 单元（Z_w），如图 7-5 的④部分所示。若在燃料电池工作时质量传输影响较小（如低电流情况和燃料电池设计较好），则质量传输不是影响燃料电池性能的决定性因素，此时燃料电池电化学阻抗谱的 Nyquist 曲线也可以表示为图 7-6。

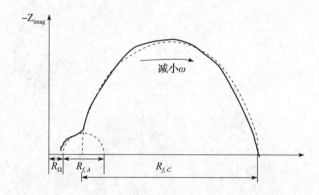

图 7-6　无 Warburg 单元的燃料电池的 Nyquist 图

7.3　燃料电池动态响应测试

燃料电池汽车在启动、停车、加速和制动等实际路况行驶过程中，需要车载电源系统能快速响应和稳定工作来满足整车的功率需求，这样燃料电池的输出功率不可避免地会产生波动。变化的输出功率会导致燃料电池内部各个参数的变化，同时也需要外部控制器控制燃料电池的工作参数来跟随功率变化。因此我们需要测试燃料的动态响应过程。

燃料电池的动态响应过程主要体现为燃料电池电性能曲线的超调现象、低调现象和达到稳态的过渡时间，如图 7-7 所示[3-5]。这些现象与燃料电池内部阻抗、燃料电池流场设计和工作条件相关，如湿度、气体流量、压力、温度、负载的波动大小、电堆振动条件和尾排气工作模式等[4,6-8]。因此当前燃料电池的动态测试主要是在改变上述工作参数的一个或部分参数后，测试燃料电池的电压或电流随时间的变化关系，如文献［9］改变燃料电池的不同输出电流，测试了燃料电池输出电压的动态响应，如图 7-8 所示。

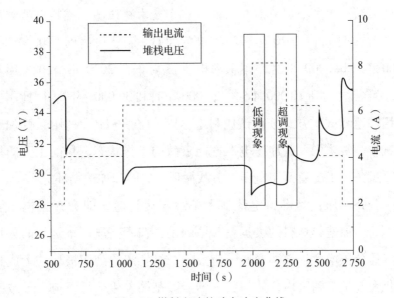

图 7-7　燃料电池的动态响应曲线

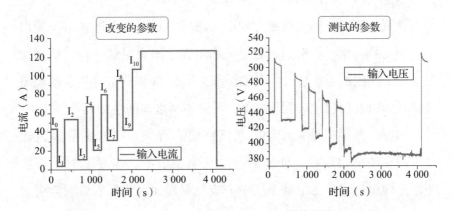

图 7-8　燃料电池在不同输出电流下的输出电压的动态响应[9]

7.4　燃料电池电堆的加速测试

评估燃料电池的寿命可采用静态测试和动态测试的方法，然而静态测试耗时较长且不符合燃料电池实际应用的工况。在实际的动态变载工作工况中，燃料电池的性能衰减速率远大于静态测试条件下的衰减速率。根据节能与新能源汽车技术路线图，燃料电池乘用车的寿命时间在 2020 年、2025 年和 2030 年分别达到 5000 小时、6000 小时和 8000 小时，而燃料电池商用车在 2020 年、2025 年和 2030 年需要达到 10 000 小时、20 000 小时和 30 000 小时，因此需要采用加速测试的方式来测试燃料电池[10]。在 PEMFC 的耐久性加速测试中，常采用一些加速电池性能衰减的工作状态。目前主要的加速测试条件工况有开路电压、负载循环、启停和加湿循环等[11-14]。

开路电压：当燃料电池在零负载下运行时，即为开路电压测试，这会加速膜材料的衰退。其原因是：在开路电压下运行时，反应气体分压增大，使得穿透效应加强，氧气渗透到阳极加速形成过氧化氢并扩散到膜内，并与膜内的羧酸基团发生化学反应，导致膜的分子链逐渐被腐蚀降解、膜均匀薄化和形成穿孔[15]。

负载循环：车辆在行驶过程中，路况导致燃料电池在不同输出工况下交替工作，将引起燃料电池膜电极中水含量的变化，从而加速质子交换膜的寿命衰减；负载循环会引起 Pt 催化剂聚集、颗粒流失或长大以及活性比表面积降低，导致燃料电池的性能降低[12,16]。

启停：燃料电池启动时，氢气将通入含大量空气的阳极流道中；而在停止运行后，外部的空气又会扩散到含少量氢气的阳极中。这两个过程会在阳极流道中形成氢氧界面，此氢氧界面会引起相当大的阴极催化剂载体的碳腐蚀[17]。

加湿循环：在实际运行过程中，质子交换膜不可避免地会经历干燥、低加湿和高湿状态之间的循环工况。这会使质子交换膜承受干燥时的拉伸应力和湿润时的压缩应力。这些应力和反应气压微扰的共同作用，极易在膜上形成针孔，造成膜电极失效和燃料电池性能及寿命的急剧下降[13,14,18]。

由于燃料电池的工作工况复杂和存在一定的耦合情况，因此实际测试中在分析完单一工作条件后，应综合这些加速燃料电池腐蚀的工作条件。并结合燃料电池汽车在实际运行中会遇到的加速条件来制定出组合工况，但由于燃料电池汽车相对较新而缺乏大量的实验数据，因此燃料电池加速测试的加速因子还不确定。

7.5 质子交换膜燃料电池低温启动测试

质子交换膜燃料电池的低温启动是指燃料电池系统从 0℃ 以下的冷却态达到输出额定功率的 90% 的过程[19]。在正常的工作过程中，质子交换膜燃料的膜电极需要保持适当的水含量，而在低温情况下，膜电极和流道中的水会凝结成冰，可能会破坏膜电极的微观结构，影响燃料电池的性能和寿命。实现冷启动的主要方式有以下几种[20,21]。

（1）停机吹扫：为减少燃料电池内部的残留水量，在燃料电池停止工作后采用干燥的氮气对其进行吹扫。

（2）冷却液加热：首先通入加热后的循环冷却液来加热燃料电池，然后再启动燃料电池。

（3）端板加热和膜电极表面加热，即向端板内和膜电极表面加入一定功率的发热源来加热燃料电池。

（4）反应气体加热：通过对输入阴极和阳极的气体加热来加热

燃料电池。

（5）保温：为使内部残留水不凝结，燃料电池停止工作后，采用一定的保温措施维持其工作温度在0℃以上。

（6）氢氧化法：在燃料电池的阴极和阳极通入一定比例的氢氧混合气，通过在催化剂上发生氢氧反应产生热量来加热电堆。

燃料电池的低温启动特性测试依据国标 GB/T 33979—2017 开展。标准首先规定了通用安全要求、试验条件和试验平台；然后开展低温试验前的例行试验，如气密性试验、启动试验、发电性能试验和关机试验；最后开展低温试验，主要包括燃料电池发电系统低温存储试验和低温启动试验项目[20,22]，其中低温启动的具体试验步骤如下：

（1）燃料发电系统冷却液加注完成，一切准备就绪。之后在试验期间不对燃料电池系统进行任何操作。

（2）将环境舱设置到规定温度，环境舱达到规定温度后开始计时，静止 12 小时。

（3）向燃料电池发电系统发送启动命令，同时开始记录相关试验数据。

（4）燃料电池发电系统功率达到额定功率后持续运行 10 分钟。

（5）然后向燃料电池系统发送关机命令，进行正常关机操作。

（6）关机结束后，燃料电池发电系统在该环境中继续静置 12 小时。

（7）向燃料电池发电系统发送启动命令。

（8）燃料电池发电系统功率达到额定功率后持续运行 10 分钟。

（9）然后向燃料电池发电系统发送关机命令，进行正常关机操作。

（10）关机结束后，试验结束。

参考文献 ⚙

［1］　奥海尔，等．燃料电池基础［M］．北京：电子工业出版社，2007．

［2］　Andreasen S J，J R Vang，S K Kær. High Temperature PEM Fuel Cell Performance Characterisation with CO and CO2 Using Electrochemical Impedance Spectroscopy［J］. International Journal of Hydrogen Energy，2011，36（16）：9815-9830.

［3］　刘相乾，彭威．质子交换膜燃料电池动态响应特性的研究影响［J］．船电技术，2010，30（8）：42-44．

［4］　卫星，等．质子交换膜燃料电池动态响应特性的实验研究［R］．中国工程热物理学会 2008 年传热传质学学术会议．2008．

［5］　Tang Y，et al，Experimental Investigation of Dynamic Performance and Transient Responses of a KW-class PEM Fuel Cell Stack under Various Load Changes［J］. Applied Energy，2010，87（4）：1410-1417.

［6］　Wang X，et al，Dynamic Response of Proton Exchange Membrane Fuel Cell under Mechanical Vibration［J］. International Journal of Hydrogen Energy，2016，41（36）：16287-16295.

［7］　曹涛锋，等．质子交换膜燃料电池动态响应性能实验研究［J］．工程热物理学报，2016，37（4）：835-839．

［8］　华周发，余意，潘牧．动态响应对质子交换膜燃料电池性能影响研究［J］．电源技术，2011，35（11）：1358-1360．

［9］　Hou Y，Z Yang，G Wan. An Improved Dynamic Voltage Model of

PEM Fuel Cell Stack[J]. International Journal of Hydrogen Energy, 2010, 35(20): 11154-11160.

[10] 节能与新能源汽车技术路线图战略咨询委员会,中国汽车工程学会.节能与新能源汽车技术路线图[M].北京:机械工业出版社,2016.

[11] 李赏,等.质子交换膜燃料电池加速测试方法研究进展[J].电池工业, 2011, 16(5): 306-310.

[12] Petrone R, et al. Accelerated Stress Test Procedures for PEM Fuel Cells under Actual Load Constraints: State-of-art and Proposals [J]. International Journal of Hydrogen Energy, 2015, 40(36): 12489-12505.

[13] Vengatesan S, et al. Diagnosis of MEA Degradation under Accelerated Relative Humidity Cycling[J]. Journal of Power Sources, 2011, 196(11): 5045-5052.

[14] Panha K, et al. Accelerated Durability Testing via Reactants Relative Humidity Cycling on PEM Fuel Cells[J]. Applied Energy, 2012(93): 90-97.

[15] Zhang S, et al. A Review of Accelerated Stress Tests of MEA Durability in PEM Fuel Cells[J]. International Journal of Hydrogen Energy, 2009, 34(1): 388-404.

[16] Zhang Y, et al. Study of the Degradation Mechanisms of Carbon-supported Platinum Fuel Cells Catalyst via Different Accelerated Stress Test[J]. Journal of Power Sources, 2015(273): 62-69.

[17] Bae S J, et al. Lifetime Prediction of a Polymer Electrolyte Membrane Fuel Cell via an Accelerated Startup-shutdown Cycle Test [J]. International Journal of Hydrogen Energy, 2012, 37(12):

9775-9781.

[18] Seo D, et al. Investigation of MEA Degradation in PEM Fuel Cell by on/off Cyclic Operation under Different Humid Conditions[J]. International Journal of Hydrogen Energy, 2011, 36（2）: 1828-1836.

[19] 质子交换膜燃料电池发电系统低温特性测试方法: GB/T 33979—2017[S]. 北京: 中国标准出版社, 2017.

[20] 陈晨, 田超贺, 卢琛钰. 质子交换膜燃料电池低温标准的研制[J]. 电器工业, 2013(2): 44-47.

[21] 汪震, 等. 质子交换膜燃料电池低温启动研究现状[J]. 电池工业, 2012, 17(6): 375-381.

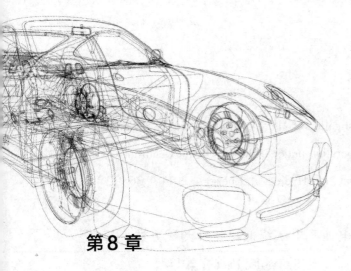

第 8 章

燃料电池汽车的燃料——氢气

8.1 氢气的物质特性和安全性

8.1.1 氢气的来源及物质特性

氢元素是元素周期表中的第一号元素，是原子量最小的元素，是宇宙中最丰富的元素之一[1]，也是地球上生命中不可缺少的元素。它主要蕴藏于水、碳氢化合物和生命有机体当中。氢气也是最轻的一种气体。氢气作为能量的载体一旦被生产出来，既可以作为燃料使用，也可以被长时间储存和长距离运输。开发和利用氢能源是开发可再生清洁能源中的必然趋势。氢气经过氧化反应生成水并释放大量的能量以供使用，在自然循环过程中，光合作用，新陈代谢，水被动植物吸收、代谢后又产生碳氢化合物，人们可以从这些碳氢化合物中提取氢气。在这样的循环中不产生额外的二氧化碳排放，我们认为氢能的使用和循环是洁净的、可再生的能源循环。氢作为一种能源，只有在发生氢核聚变反应的过程中才能释放出超级的能量，太阳释放的能量就是从氢的核聚变反应中产生的，人们暂时还无法控制这种核聚变反应。所以在使用氢能的过程中，与其说氢气是一种能源，不如说它是一种能源的载体[2]。有关氢气的物质特性请参看表8-1。

表 8-1　氢物理性质常数表[3]

	物理参数	数值和单位
物质特性常数	摩尔质量	2.016g/mol
	气体常数 R	8 313.984J·kg^{-1} K^{-1}
	单位质量低热能值 H_L	119.96MJ·kg^{-1}=33.33kWh/kg=241.83kJ/mol
三相点状态下	温度	-259.35℃（13.80K）
	压力	0.07bar（1bar=0.986 932ATm）
	气相体积质量密度	0.125kg/m^3
	液相体积质量密度	77kg/m^3
	固态熔解热	58.5kJ·kg^{-1}=6.25kWh/kg
沸点状态时的液相常数（1 大气压）	沸点温度	-252.85℃（20.30K）
	液相汽化热	445.4 kJ/kg=123.7kWh/kg
	液相体积质量密度	70.8 kg/m^3
	液相体积热能值	8.5MJ·dm^{-3}=2.36kWh/kg
	液相定压比热 C_p	9.8kJ·kg^{-1}K^{-1}
	液相定容比热 C_v	5.8kJ·kg^{-1}K^{-1}
	液相热导热率系数	0.099Wm^{-1}K^{-1}
	液相动态黏滞系数	11.9×10^{-6}Ns/m^2
	液相声音传播速度	1089m/s
气体状态时的气相常数（1 大气压）	气相体积质量密度	1.34 kg/m^3
	气相体积热能值	0.16 MJ/dm^3=0.044kWh/dm^3
	气相定压比热 C_p	12.2kJ·kg^{-1}K^{-1}
	气相定容比热 C_v	6.6kJ·kg^{-1}K^{-1}
	气相热导率	0.017Wm^{-1}K^{-1}
	气相动态黏滞系数	1.11×10^{-6}Ns/m^2
	气相声音传播速度	335m/s
临界点状态下	温度	-239.95℃（33.20K）
	压力	1.31MPa（12.93ATm）
	液态体积质量密度	31.4kg/m^3

（续）

	物理参数	数值和单位
标准状态下	气态体积质量密度	0.99kg/m
	气态体积低热能值	$0.01MJ \cdot dm^{-3} = 2.8Wh/dm$
	气态定压比热 C_p	$14.32kJ \cdot kg^{-1}K^{-1}$
	气态定容比热 C_v	$10.17kJ \cdot kg^{-1}K^{-1}$
	气态热导率	$0.184W \cdot m^{-1}K^{-1}$
	气态动态粘滞系数	$8.91 \times 10^{-6}N \cdot s \cdot m^{-2}$
	气态声音传播速度	1 246m/s
与空气混合后（体积比%）（1大气压）	燃烧浓度下线	$4.0\% H_2$（$\lambda = 10.1$）
	爆炸浓度下线	$18.0\% H_2$（$\lambda = 1.9$）
	化学计量配比混合	$29.6\% H_2$（$\lambda = 1$ 等化学计量配比）
	燃烧浓度上线	$58.9\% H_2$（$\lambda = 0.29$）
	爆炸浓度上线	$75.6\% H_2$（$\lambda = 0.13$）
	点燃温度	585℃（858K）
	最低点燃能量	0.017mJ
	层流火焰传播速度	约$3m/s^{-1}$
	绝热燃烧温度	约2 100℃

　　碳也是一种能量的载体，但是碳完全氧化以后放出的是二氧化碳。可惜二氧化碳在常温下是气态，既不容易收集，在大气中也相当稳定，不容易分解。自近150多年的工业革命以来，在化石燃料的使用过程中，排放到大气中的二氧化碳已对人类的生存环境造成了严重的影响。所以氢能的开发利用是目前能源科学领域里最重要的研究课题。图8-1展示了氢能作为一种洁净、可再生能源的循环过程。

　　在利用氢能的技术，特别是氢燃料电池汽车中，氢气的储存是氢能利用中最大的障碍之一，这是因为氢气的体积能量密度相对较低。氢气即使在700个大气压的高压下体积能量密度也只有汽油的七分之一左右。也就是说，氢燃料电池汽车总是要拉着一个很大的储氢罐，这既不方便也不雅观。关于氢气的体积能量密度、质量能量密度与其他化学燃料的对比可以从第1章中表1-2中得到。下面讨论一下氢气的操作安全特性。

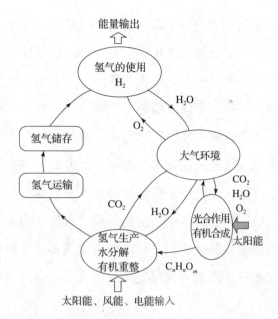

图 8-1　氢作为一种清洁、再生能源的生产、运输和使用循环过程示意图

8.1.2　氢气燃料的操作安全性

氢气作为一种燃料，在运输、储存和使用过程中必须遵守氢气操作安全的有关规定。在美国、日本、德国以及欧洲其他国家都有着相关的氢气操作安全规定。其实氢气与汽油相比，并没有想象的那样危险。1937 年兴登堡号载人飞艇的爆炸，其实不是由氢气的泄漏引起的。在 1990 年的调查中发现，它是由于包裹飞艇的纤维材料上使用了易燃烧的涂料而造成的失火爆炸；当然，用容易燃烧的氢气做飞艇是不安全的。表 8-2 是氢气、汽油与天然气燃烧、爆炸和扩散参数的对比。讨论氢气的安全性时，我们可以同现有的常规燃料、汽油或者天然气进行对比。氢气在空气中的引燃浓度范围相当大（H_2 占空气的 4% ~ 75%），这意味着，氢气在泄漏的情况下，如果被点燃，一定是从较低浓度的储存系统外的区域开始（29%），也就是说在储存氢气的罐体外面燃烧。因为氢气在常温下的密度

(0.09g/L) 比空气的密度 (1.22g/L) 小很多,氢气在空气中的浮力极大,由浮力产生的加速度几乎是重力加速度的 12 倍,挥发的速度极快,而且是向天空挥发。如果泄露的氢气在空气中被点燃,我们可能看到的是一束竖直向上喷射的燃烧火焰。这比汽油燃烧时向周围不断扩大燃烧范围的威胁性小很多。氢气在空气中的扩散速度非常快,如果在氢气的传输管道中有多处泄漏,一旦其中一个泄漏氢气的地方被点燃,那燃烧会以很快的速度被传递到其他泄漏氢气的地方。氢气的引燃能量较低,这也提高了氢气在储存、运输和使用过程中要防止泄漏和减少引燃机制的安全性要求,特别是对高压储氢罐和氢气传输管道上的阀门安全性的要求。引爆氢气要求比较苛刻的条件,氢气必须与空气以一定比例混合 (18.3% ~ 59%),并且要保持在一定的空间里被引爆(兴登堡号载人飞艇的氢气囊内进入空气而爆炸)。对于氢燃料电池汽车而言,氢气一旦泄漏就会很快离开车体,不容易在车周围保存,所以氢气被引爆的情况对汽车来说发生的可能性很小,通常的车祸是不会将高压储氢罐引爆的。目前我们已有很完善的储存、运输系统来使用汽油、液化气和天然气,只要根据氢气的特性,提高储存运输系统的安全性,认真执行有关氢气的安全操作规程,氢气没有想象的那样可怕。

表8-2 氢气、汽油和天然气的燃烧,爆炸和扩散参数

易燃性比较	氢气 H_2	挥发的汽油 C_8H_{18}	天然气 CH_4
空气中的燃烧浓度	4% ~75%	1.4% ~7.6%	5.3% ~15%
空气中的最易燃烧浓度	29%	2%	9%
空气中的爆炸浓度	18.3% ~59%	1.1% ~3.3%	5.7% ~14%
引燃能量(MJ)	0.02	0.20	0.29
空气中的燃烧火焰温度(℃)	2 045	2 197	1 875
空气中的浮力加速度(m/s²)	12.6g[①]	-0.75g(气体)	0.87g
空气中的扩散渗透系数(m²/s)	0.61	0.16	0.05

① g 是重力加速度,等于 9.8m/s²。

8.2　氢气的生产及储存基本方法

8.2.1　氢气的生产

生产氢气的方法有许多种，考虑到氢气生产的可再生、洁净的能源性质，在这里只介绍以下方法。

地球上存在着大量的有机生命物质，它们的成分主要是碳氢化合物，在生命的自然循环过程中不断地分解、合成，比如二氧化碳在植物的光合作用下与水反应形成碳氢化合物以供植物生长。数千万年间沉积下来的这些有机物质在地下形成了化石燃料——煤、天然气和石油。目前工业生产氢气的原料主要来自天然气和水。天然气中的主要燃料成分是甲烷（CH_4），在一定的压力、温度下经过催化剂的作用天然气可以转化成氢气和二氧化碳。考虑到利用天然气产生的二氧化碳较少而且可以收集，人们认为天然气是相对洁净的能源。对其他一些有机物，比如甲醇、乙醇及生物质燃料进行重整也可以得到可再生、较洁净的氢气。对煤进行气化重整也可以得到氢气，但这样得到氢气会产生相当高的二氧化碳排放，就不是清洁的。真正洁净的氢气生产来源于水。通过对水进行分解得到的氢气和氧气是人们期待得到的清洁能源，同时这也是世界能源的一大科研课题。用电分解水是最简单直接的方法，但这要消耗电力。如果是在电力充裕的情况下，比如有充裕的电能来自于太阳能发电、风能发电或者核电，那么可以用它电解水产生氢气，把电能变为氢气和氧气进行储存。此方法是一种完全洁净、可持续获得能源的途径。

人们发现有的藻类在光合作用和酶的催化作用下能发生厌氧反应产生氢气。但目前将光能转换为氢气的转换效率还低于 10%，但这是一种生产洁净、可再生能源的方法。高强度地聚合太阳光能或利用核反应可产生极高的温度，在2000℃以上的高温下水蒸气也会进行水的离解反应产生氢气。图8-2展示了氢气的不同产生方法。

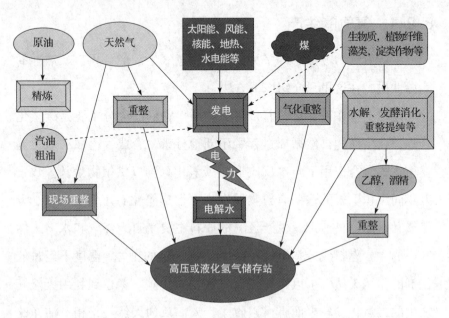

图 8-2　氢气的不同产生方法

8.2.2　氢气的储存方法

在理想的条件下，与普通轿车相比，氢燃料电池轿车应该包含作为交通工具本身所有的必需的性能要素：安全、可靠，能承载一个四五口人的小家庭，并有一定空间装行李，可接受的购买价格、使用花费，并在加一次氢气后能运行500千米以上。下面先介绍一下氢燃料电池汽车上氢气的储存问题和方法。

假设以汽油为燃料的汽车每使用1升汽油可以行驶10千米（10km/L），汽车的汽油箱应该装50L左右（约37kg）的汽油。50升汽油大约包含460kWh的能量，可让汽车在正常条件下跑完500千米。

把这些能量折换成氢气所包含的能量，所需氢气的质量是 15kg 左右（见表 8-2）。但是由于氢燃料电池发电的效率比内燃机的效率高一倍多，氢燃料电池汽车并不需要加到 15kg 的氢气，只需要 6kg 的氢气即可让汽车跑完 500 千米。可是在标准状态下 1L 氢只有 0.089g（0.089g/L），即在标准状态下，6kg 的氢气将会有 6 万多升的体积，这就给燃料电池汽车储氢带来了一大难题。提高氢气体积能量密度的储存方法有两类，一类是氢气的物理储存方法，另一类是基于材料的储存方法。氢气的物理储存方法有两种：①压缩氢气的方法，即高压储氢；②液化氢气方法，即在高压和极低温度下的液态化储氢。图 8-3 展示了氢气的基本储存方法[4]。下面我们先主要讨论氢气的物理储存方法的高压储氢和高压储氢罐。

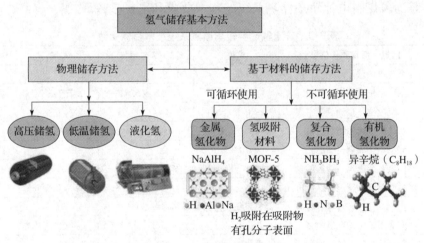

图 8-3　氢气的基本储存方法

8.2.3　高压储氢和高压储氢罐

氢气是可以压缩的，但即使加压到 700 个大气压（约 70MPa），也就是把氢气压缩了近 350 倍，在燃料电池汽车上的储氢罐也仍然有 150 升左右，才能携带 6kg 左右的氢气。即使在这样高压的条件下，氢气的体积能量密度还是小于汽油的体积能量密度的约 $\frac{1}{7}$。氢气在高压下并不完全遵从理想气体方程，压力和体积呈反比，加上增加氢气的压力时也需要消耗一定的能量，这对高压储氢罐的制作技术、材料和安全性提出了更高的要求，除此之外，我们还要考虑到储氢罐的寿命、充气和放气的可操作性以及生产成本等诸多要素。通常把高压储氢罐的压力设计在 700 个安全储存大气压，因为继续增加压力并不能有效地提高氢气的体积能量密度。为了节省车厢的有效空间，目前丰田汽车公司出厂的氢燃料电池轿车使用了两个储氢罐，大约能储存总和为 5.7kg 的氢气。两个储氢罐的氢气储存压力都是 700 个大气压。表 8-3 列出的是美国能源部提出的对于普通氢燃料电池轿车储氢系统的基本要求和主要参数。

表 8-3　普通氢燃料轿车储氢系统技术目标参数[5]

能量、质量和价格参数	单位	2017 年目标	未来目标
系统单位重量储氢能密度	kWh/kg	1.8	2.5
系统单位重量储氢质量	kgH_2/kg 系统	0.055 或 5.5%	0.075 或 7.5%
系统单位体积储氢能密度	kWh/L	1.3	2.3
系统单位体积储氢质量	kg H_2/L 系统	0.040	0.070
储氢系统成本与储能	USD $/kWh	$12	$8
储氢系统成本与储氢质量	USD $/kg H_2	$400	$266
氢气与汽油等能量销售价比	比率	2－4 倍	2－4 倍
储氢系统使用寿命及操作参数			
储氢系统工作环境温度	℃	－40/85（阳光下）	－40/85（阳光下）
最少冲排氢气循环次数	次数	1 500	1 500
储氢系统最低排气压力	大气压	5	3
储氢系统最大排气压力	大气压	12	12
储氢系统冲排氢气使用率	%	90	90
储氢系统冲排氢气速度参数		还未定义	
冲满 5.7kg 氢气时间	分钟	3.3	2.5
储氢系统最低气流速度	g/s 或 g/kW	0.02	0.02
储氢系统室温开起时间	s（20℃）	5	5

（续）

能量、质量和价格参数	单位	2017 年目标	未来目标
储氢系统低温开起时间	s（-20℃）	15	15
氢气流速度转换响应（流速率 10 - 90% 和 90 - 0%）	s	0.75	0.75
氢气纯度（从储氢罐）	% H₂	SAE J2719 和 ISO/PDTS 14687-2（99.97% 干燥 H₂）	
环境健康和安全性要求		达到或超过有关标准	
氢气渗透系数和污毒含量		还未定义	
储氢系统氢气折损率	克/小时	0.05	0.05

注：能量单位常数为 0.2778kWh/MJ，低热值氢气重量能量密度为 33.3kWh/kg。1kg $H_2 \approx 1$ 加仑汽油能量 = 3.78L 汽油能量。

氢气在零下 253℃（20K）左右的温度下将会变成液体，液态氢气将大大减少储存体积，表 8-1 中给出了低温液态氢具有的体积质量密度是 70.8g/L 左右。但要将氢保持在这样的低温下，储存容器必须要有加厚的隔热层，而且降温制冷也需要耗费大量的能量，从能源使用的效率角度看，这不是好的选择。所以，液化氢气的储存方法并没有在常规氢燃料电池汽车上使用，这里不加以介绍。

8.2.4　材料储氢方法

目前能达到燃料电池汽车储氢体积质量密度目标的方法是利用高表面积、多孔的吸附材料对氢分子进行吸附，从而达到减少氢气的车载体积和增加体积质量密度的目的。这种吸附叫物理吸附，其基本原理是，在一定的低温条件下，氢气分子不能逃脱吸附材料表面的范德华力，并减少了氢气分子之间相互的排斥力，氢气分子只能在吸附材料的孔隙范围内（约为 1nm）运动。这样就大大减小了氢气分子之间的间距，缩小了体积，增加了密度。这样的吸附材料大致有两大类。一类是高表面积的碳材料，例如活性炭、碳纤维、纳米碳管和纳米碳粉等。石炭吸附材料的质量表面积比一般都是 2000m²/g。另一类是由金属或金属氧化物骨架支撑的有机材料（MOF），这种材料具有较高的晶体有序化结构和较大的孔隙空间。因此这种材料有着比碳吸附材料更大的表面积，质量表面积比可以高达 $5500m^2/g$。用这种材料，在饱和吸附情况下可以将氢的储存体积质量密度提高到 60g/L 以上。加上这种材料的生产成本较低，而且材料可以反复使用，作为可循环使用的储氢材料，它吸引人们投入了较多的研究和关注。但这种材料也有自身的弱点，氢气分子在常温常压下大概有 25kJ/mol 的自由动能，如果加上压力，分子之间的势能还会增加。吸附材料表面的吸附能一般小于6kJ/mol。在常温常压下，吸附材料表面的原子没有足够深的能量势井"抓住"并"控制"住氢分子，也就是说，在常温下吸附材料是没有充分的吸附作用的。但如果把温度降低，比如降到液氮气的温度 $-196℃(77K)$，氢分子的运动动能会大大降低到 1kJ/mol 左右，再加上一定的压力，氢分子会被吸附在吸附材料的表面上。用吸附材料可以把储氢罐的压力降低到 350 大气压，并把储氢体积质量密度提高到 40g/L。由于氢气在吸放过程中没有产生化学反应，所以放出的氢气还能保持纯净。在需要排放氢气的时候只需要稍微对储氢罐加热，氢气分子吸热以后就会从吸附材料表面脱离输出，并且氢气分子吸附和脱离的过程非常迅速，完全有可能达到汽车使用和储存氢气的动力学要求。但由于吸附材料在吸放氢气时，必须在低温下进行，在热力学方面的性能还没有完全达到要求。

为了区别下面谈到的氢化物储氢方法，这里再说明一下，物理吸附是一种相对较弱的分子间的相互作用，通常可以认为是分子间的范德华力的相互作用，这种作用不引起分子、原子之中电子的转移而改变分子的电子结构产生化学键。对氢气来说，氢还是以双原子分子的形式（H_2）存在于吸附材料的表面。氢气分子还可能一层层地堆积在吸附材料表面上。

一类材料储氢方法是氢化物储氢方法，这种方法共有三种。

第一种是用金属或者合金氢化物储氢。在一定高的压力和温度下，让氢气与金属或者合金反应生成金属或合金氢化物，比如 MgH_2、$NaAlH_4$ 和 $LaNiH_4$ 等。要使氢进到金属或合金中，首先要把氢分子离解开成为氢原子（离解能约为 17.4eV）；氢原子进入金属晶体的间隙当中，与金属原子产成键合力，来达到储氢的目的。根据氢原子与金属原子之间的键合力大小的不同，可形成金属键、离子键和共价键。这些金属键的强弱不同，将直接影响到吸氢和排氢时对激活能的要求。对于氢分子的脱解，通常是采用对储氢系统降压和升温的方式，让挤压到金属晶体当中的氢原子获得激活能，从金属晶体当中脱解出来。由于这一过程需要相当的能量注入并且整个反应过程比较慢，这使得吸放氢气的过程在动力学方面不能完全达到燃料电池汽车储氢的要求。有很多储氢材料的动力学过程不能满足重复循环储氢的要求，我们也可以说它用于储氢时是不可逆的。

第二种是复合氢化物储氢，这种复合氢化物是氢与非金属元素氮和硼或者金属铝形成共价键复合离子，AlH_4^-、BH_4^- 和 NH_2^- 等，再与碱金属，比如 Li、Na、K、Ca 等，化合成铝复合氢化物、硼氢化物、氨硼烷、氨基氢化物等。这种复合氢化物早在 70 年前就被开发出来，但由于它在吸放氢气时的激活能较高，常伴有副反应发生，反应速度较慢，多数复合氢化物吸放氢气是不可逆的，因此没有得到广泛应用。但人们一直在研究如何改变这种复合氢化物的结构以降低激活能，并加快它的吸放氢反应速度，这也许能成为一种可行的储氢材料。

如果用吸附的观点说明金属或者合金氢化物储氢方法，可归类为化学吸附。与物理吸附氢分子相比，在化学吸附时，氢分子首先要被离解成氢原子，然后与吸附材料表面的分子相互交换电子而形成化学键。这样的化学键有的较强，有的较弱，但都要比物理吸附分子之间的相互作用要强很多。由于化学吸附需要把氢气分子离解成原子，所以化学吸附通常所需要的激活能比较高，而在释放氢气的时候，通常动力学速度较慢。

第三种是有机氢化物储氢，如甲烷（CH_4）、甲醛（CH_3OH）、乙醇（C_2H_5O）和液态有机储氢材料等。自然界中存在大量的碳氢化合物，碳氢化合物储氢应该不算是人工储氢的方法，因为氢与碳通过自然界新陈代谢过程已经化合成相对稳定的化合物。在地球表面上的氢大都以碳氢化合物的形式储存在化石燃料中。人们通常可以用气态重整和液态化石燃料或者气化固态化石燃料得到氢气，比如重整甲烷、乙醇或者气化煤等，利用液态芳香族化合物作为储氢载体，如苯、甲苯和萘环（理论储氢量都大于 6.0%）[6,7] 等。这类材料通常利用分子自身的不饱和键与氢在一定条件下发生催化加氢反应，利用其逆过程实现催化脱氢。液态有机储氢材料储氢量较高、性能稳定、安全性高，原则上可同汽油一样在常温常压下储存和运输，具有直接利用现有汽油输送方式和加油站设施的优势。然而，目前研究最多的苯、甲苯等液态材料的脱氢温度均在 300℃ 以上，远高于氢燃料电池的工作温度，催化放氢过程还有副反应发生，导致氢气不纯，且放氢动力学速度也不能满足需要。

从表 8-4 中可以看出，不同金属氢化物、复合氢化物以及吸附材料 MOF 的储氢重量比、体积质量密度、放氢焓值和放氢熵值。

表 8-4　储氢材料的理论储氢值和放氢气的实验热力学熵、焓差值（$kJ/mol\ H_2$）

储氢材料和化学反应式	储氢重量比（%）	储氢体积质量密度（g/L）	放氢焓差（$kJ/g\ H_2$）	放氢熵差（$kJ/g\ H_2$）	可逆性
$MgH_2 \longleftrightarrow Mg + H_2$	7.7	109	34.72	64.98	可逆
$2AlH_3 \longleftrightarrow 2Al + 3H_2$	10	148	2.23 ~ 3.86	无数据	可逆
$La_2Ni_{10}H_{12} \longleftrightarrow 2LaNi_5 + 6H_2$	1.5	100	14.94	52.40	不可逆
$3NaAlH_4 \longleftrightarrow Na_3AlH_6 + 3Al + 3H_2$	3.7	52	17.95	无数据	可逆

（续）

储氢材料和化学反应式	储氢重量比（%）	储氢体积质量密度（g/L）	放氢焓差（kJ/g H_2）	放氢熵差（kJ/g H_2）	可逆性
$2Na_3AlH_6 \longleftrightarrow 6NaH + Al + 3H_2$	1.9	43	22.80	无数据	不可逆
$Mg(NH_2)_2 + 2LiH \longleftrightarrow LiMg(NH_2) + 2H_2$	5.6	66	-19.41	无数据	可逆
$12LiBH_4 \longleftrightarrow Li_2B_{12}H_{12} + 10LiH + 4H_2$	10.0	35	21.54	47.06	不可逆
$LiB_{12}H_{12} \longleftrightarrow 2LiH + 12B + 5H_2$	6.5	60	56.77	58.22	不可逆
$2LiBH_4 + MgH_2 \longleftrightarrow MgB_2 + 2LiH + 4H_2$	11.6	96	24.45	52.40	可逆
$Li4BN_3H_{10} \longleftrightarrow Li_3BN_2 + LiNH_2 + 4H_2$	8.9	88	6.21	53.86	不可逆
$NH_3BH_3 \longleftrightarrow [NH_2BH_2] + H_2$	6.5	96	-2.91	无数据	不可逆
$MOF\text{-}177 : nH_2 \longleftrightarrow MOF\text{-}177 + nH_2$	7.5~11	49	2.13	无数据	可逆
$MOF\text{-}5 : nH_2 \longleftrightarrow MOF\text{-}5 + nH_2 (77K)$	7.1~10	66	1.84	无数据	可逆

8.3 氢气储存的热力学原理

在这一节中我们主要了解不同的氢气储存方法中所需要的附加能量，这一能量是在储放氢的过程中损失的能量，我们希望这一附加能量越低越好。从中我们可以得到衡量氢气储存的能量效率。在此我们主要介绍压缩氢气储存时所需的能量和材料储氢方法所需要的能量。

8.3.1 压缩氢气储存方法所需要的能量

压缩氢气储存方法是目前最常见的储存方法。在氢气的压缩过程中外界要对压缩氢气做功。在低压的情况下我们可以把氢气看成是理想气体，遵从理想气体状态方程：

$$PV = nRT \tag{8-1}$$

P 是气体的压力，V 是体积，n 是摩尔数，R 是气体普实常数。

如果压缩过程是等温过程，从理想气体状态方程我们可以很容易计算出压缩氢气工程中所需要输入的功（能量）。

$$W = RT\int_{P_1}^{P_2} \frac{\mathrm{d}P}{P} = RT\ln\left(\frac{P_2}{P_2}\right) \tag{8-2}$$

但当氢气被压缩成高压氢气时不再完全服从理想气体状态方程。由于氢气分子之间的范德华力相互作用，1949 年，中国学者邝氏（Joseph Neng Shun Kwong）建立了更加近似的（Redlich-Kwong）气态方程：

$$P = \frac{RT}{V_m - b} - \frac{a}{\sqrt{T}V_m(V_m - b)} \tag{8-3}$$

在这里，P 是压力，R 是气体常数，$R = 8.314 \times 10^6 \mathrm{J \cdot mol^{-1} K^{-1}}$，$T$ 温度，V_m 是摩尔体积，a 是氢气体分子间势能的修正常数，约为 $0.025\ \mathrm{m^6 Pa}$，b 是氢气体积的修正常数，为 $2.66 \times 10^{-5} \mathrm{m^3 mol^{-1}}$。利用此公式我们可以比较精确地算出在常温下氢气的体积密度和大气压之间的关系，如果把氢气看作理想气体，由于分子间没有势能，在同样的压力下要比实际氢气有着更高的质量密度。氢气在 700 个大气压下也只能有接近 40g/L 的体积质量密度（见图 8-4）。即使再提高压力，氢气的体积质量密度增加也相当缓慢。目前实际的储氢罐最高也就做到 700 个大气压标准。对非理想气体，通过简单的计算不能得到所要的能量，但通过热力学第一定律（见式（8-4）），我们可以计算出在这过程中所需要的功 W，对于等温的变化过程，它等于气体的内能变化 ΔU 和外放出的热 Q。

$$W = \Delta U + Q \tag{8-4}$$

我们在压缩氢气的过程中，认为氢气是处于等温的变化过程中的，所以内能的变化就是氢气的焓变化，对外放出的热可以从熵变化计算得到。我们利用实际气体的经验气态方程（8-4）计算出较准确的氢气质量密度，在实际中氢的压缩过程可以近似看作等温变化过程，压缩氢气所做的功应该等于氢气的焓变化再加上对外放出的热，对外放出的热又可以从氢气的熵变化得到。这样我们就可以算出压缩氢气所需要的功。

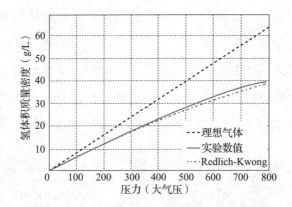

图 8-4　在常温下氢气的体积质量密度与压力的关系

举个例子，氢气从 1 个大气压到 700 个大气压，氢气的焓变化约是 369kJ/kg，而引起的放热大约是 8046kJ/kg（熵变化），这样我们可以计算得到压缩氢气的功为 8415kJ/kg，从氢气潜热上线值为 120MJ/kg 我们可以得到，压缩氢气所需要的能量百分数约为 7%。但在这里没有考虑到机械压缩泵工作的效率，压缩泵工作的效率在通常情况下在 50% ~ 60% 之间。这样算下来压缩氢气的能量耗费将会高于 14%。美国能源部发表的数据大约在 10%，这是考虑到氢气在压缩之前就有一定的压力，在 20 个大气压左右——这一压力是在生产氢气时带来的，所以计算时是把氢气从 20 个大气压加压到 700 个大气压。尽管汽油不需要在储存时加上这一功耗，但使用氢燃料电池发电会提高接近 50% 的效率，从能量的使用效率的角度来说，燃料电池的效率仍然是最高的。

氢气的体积质量密度和温度的关系同时依赖氢气的压力。图 8-5 表示的是氢的体积质量密度与温度之间的关系。在常温下，300 ~ 700 个大气压的高压储氢体积质量密度大约在图中的区域 A，当温度低于 70K 时，在一定压力下会出现氢的液态和气态共存的情况。低温液态和气态共存储氢将在区域 B，温度低于 30K 以下，单一的氢的液态相出现，低温液态储氢将在区域 C。通常储氢罐很难维持在液态氢的温度下，除了太空飞行器以外，很少使用液态氢储氢。固态氢要求的温度极低，压力很高，实际中很难做到维持温度和压力，再者，固态氢的溶解热很大，溶解时要吸收相当多的热量，所以固态储氢不作为一种方法，没有在实际中应用。

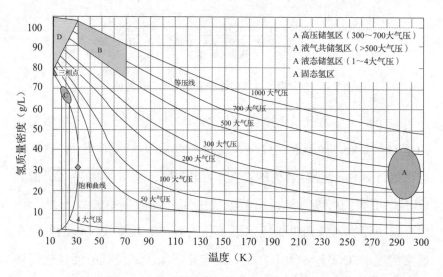

图 8-5　氢的质量密度与温度及压力之间的关系

为了给燃料电池汽车快速加氢，加氢站的储氢压力通常高出 700 个大气压，一般是在 800 ~ 900 个大气压之间。燃料电池汽车在加氢站加氢时，是利用加氢站的高压氢气和燃料电池汽车储氢罐之间的压力差输送氢气的，储氢罐通常会被加到 350 ~ 700 个大气压。由于充气时氢气流量很大，大约为 1kg/min，在充气过程中，由于反常焦耳 - 汤普森效应，氢气在罐里的温度会升高 10 ~ 20℃，当储氢罐的温度降下来时，氢气的压力会稍微低于充气时的压力。

8.3.2　基于材料储氢的热力学

　　材料储氢方法的优点是在相对较低的压力（100 个大气压）下可以达到燃料电池汽车氢气储存体积质量密度的目标，对于金属氢化物和复合氢化物（也称化学氢化物）来说，缺点是吸放氢时的激活能较高，吸放氢的动力学速度较慢，可逆性不好；这两种氢化物的储氢方式从吸放氢分子的角度看，属于化学吸附[8]。氢分子在吸附时需要相当的激活能把氢分子分裂开成为氢原子。由于固体材料的引入和氢的化合物的产生，氢的气态方程和热力学第一定律的形式不适用于储氢量、温度、压力和能量的计算。在等温等容条件下，吸放氢气的两个平衡态的压力变化直接和系统的焓变化以及熵变化相关，这就是著名的范特霍夫（Van't Hoff）方程。

$$\ln\left(\frac{P}{P_0}\right) = -\frac{\Delta H}{R}\left(\frac{1}{T}\right) + \frac{\Delta S}{R} \tag{8-5}$$

　　P_0 为初始态系统压力，P 为终态系统压力，T 为过程中的温度，R 为气体常数，ΔS 是熵变化，ΔH 是焓变化。金属氢化物和复合氢化物吸氢时通常是放热反应，此时氢气的焓变化减小，$\Delta H < 0$；吸氢材料释放氢气的时候是吸热反应，氢气的焓变化是增加，$\Delta H > 0$；使用吸氢材料储氢，在放氢的时候需要对储氢系统加热以加速对氢气的释放。

　　在实验室中通常使用压力 – 温度 – 组分测试仪（Pressure-Composition-Temperature，PCT）进行测试。压力和温度范围分别为 1 ~ 200 个大气压和 77 ~ 650K。PCT 也可以设定不同温度的等温过程作为比较。由于测试是在两个已知体积的容器（小钢瓶）中进行的，一个容器 V_s 装有吸附材料并冷却到吸氢材料吸氢的温度，通常是在室温或 0℃；另一个容器 V_r 总是处于 298K 室温，对容器 V_r 压入一定压力和质量的氦气（He），然后把 V_r 与 V_s 联通，等到平衡以后，在 V_r 容器中剩余的氦气质量可以通过平衡态的压力计算出来，另一部分质量的氦气就到了 V_s 容器中，并保持同 V_r 一样的平衡态压力，由于吸氢材料不吸附氦气，通过气态方程就可以算出装有吸附材料样品容器的自由体积 V_f。如果把氦气换成氢气，一定量的氢气就会被吸入金属氢化物和复合氢化物，只要测量平衡态的压力，就能计算出吸氢材料吸入的那一部分氢气的质量。当然吸氢材料本身所占的体积也可以计算得到。反复向空容器 V_r 压入一定质量的氢气，并与有吸氢材料的容器联通达到压力平衡状态，那么被吸附在材料中的那部分氢的质量就可以计算出来。

吸放氢气的多少通常用吸放氢气的质量与吸氢材料质量的百分比表示，有时也叫作吸放氢气的质量百分数，在对有吸氢材料的容器中不断压入氢气的过程，会出现一个容器的压力保持稳定或者缓慢上升的阶段，这是因为氢气被吸到了吸氢材料上。如果继续加入氢气，当吸氢材料饱和以后氢气的压力才又开始显著增加。当释放氢气时也会出现同样的压力稳定过程，但压力相对低一些，如图 8-6a 和图 8-6b 所示，吸放氢气的过程中有一个迟滞现象出现，这是因为吸氢材料上总是有一部分氢分子不能完全脱离出来。图 8-6a 和图 8-6b 的纵坐标是吸放氢气在每个平衡态的压力，通常会在 1~200 个大气压之间，横坐标是吸放氢气的质量百分数。在图 8-6b 中不同的温度下（$T_1 > T_2 > T_3 > T_4$）同样的吸氢材料的吸氢量随着温度的增加而减小，在较高的温度下吸氢的压力初始值相对要高很多。从范特霍夫方程的对数表示我们可以计算吸放氢气时熵和焓的变化；此时我们可以把初始压力 P_0 认为是 1 个大气压。图 8-6c 表示在不同温度下吸放氢气时压力对数值与温度倒数的关系，它是一条斜率为 $-\Delta H/R$，纵轴截距为 $\Delta S/R$ 的直线。利用 PCT 可以测到一组在不同温度下吸氢材料吸放氢气时的压力，通过对直线拟合得到斜率和截距，就能计算出吸放氢气时的焓变化与熵变化，焓变化就是吸氢材料对氢分子的吸入能。

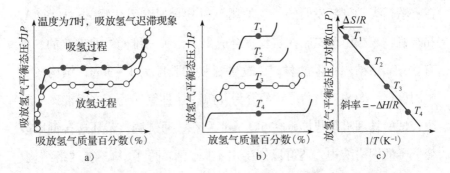

图 8-6　金属氢化物和复合氢化物吸放氢气时压力与氢质量百分数的范特霍夫关系曲线和熵与焓的变化

金属氢化物和复合氢化物在一定的温度和压力下，能完成氢气的储存与释放，其主要特点是储氢量较大。与物理吸附储氢相比，这类材料的氢化物通常过于稳定，加氢、放氢只能在较高温度下进行，热交换比较困难。

尽管基于材料储存氢气的方法中有用金属氢化物、复合氢化物、（物理）吸附材料和有机氢化物等，但目前（物理）吸附材料储存氢气的方法是最接近燃料电池汽车的储氢要求的。吸附材料储氢方法的优点是：①在相对较低的压力（100 个大气压）下可以达到燃料电池汽车氢气储存体积质量密度的目标；②吸附材料储氢有稳定的可逆性；③在吸放氢的过程中激活能较低，吸放热量比较小，吸放氢气时有较快的动力学性质，能满足燃料电池汽车正常驾驶、提速和加氢的要求。但缺点是要在相对较低的温度（77K）下储存氢气。近年来合成的 MOF 系列吸附材料，不仅有较好的稳定性和可逆性，而且在储氢质量百分数和体积质量密度上都能达到目前对燃料电池汽车的要求。下面就来谈一谈这种材料的结构、物理和化学特性。

MOF-5 是由美国的奥马尔·亚吉（Omar Yaghi）教授于 2002 年在密歇根大学创新发明的[9]。他用无机物金属锌氧化物 $Zn_4O(CO_2)_6$ 和有机物苯二甲酸二脂在实验室合成出了一种三维网络状连接的、具有立方晶格结构孔隙的材料，这种材料的孔隙为 1 ~ 3nm，结构较为坚固稳定，图 8-7 中的球状部分为孔隙。并且氢气分子之间能产生一个较低的物理吸附势能，在 6kJ/mol 左右。通过调整苯环连接键以改变分子的网络结构，还可以产生出不同大小的孔隙和三维网络结构，从而改变吸附能的大小和吸附分子的数量。因此奥马尔·亚吉创造了一门新型学科——网络化学。近年来不同的研究者用不同的金属化合物（Cu、Mn），以及不同的有机物连接构造出了各种各样的 MOF 材料。这种材料有较稳定的孔隙大小和结构，单位质量的表面积很大（ >3000m^2/g），氢气分子的大小在一个 1Å（10^{-10}m）左右。很多氢分子可以进入吸附材料的孔隙当中被吸附。大的表面积将提供更多的分子吸附场所。在 77K 的低温下，氢分子的自由动能很小，可以认为氢分子几乎被锁定在吸附材料在孔隙（球形区域）当中。

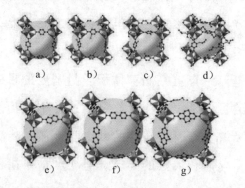

图 8-7 球形区域

注：MOF-5 七种不同的三维网络状连接，具有立方晶格结构、孔隙结构的材料，形成较大孔隙——球形区域。

　　氢气在吸附过程中将从气态转变为类似于凝聚态，这个过程中气态氢气会释放一定的潜热。利用近似的克拉伯龙方程。通过 PCT 我们能够近似地测量计算出这个单位质量氢气的潜热 ΔQ。由于这个潜热，在设计储氢系统时还需要考虑安装散热和加热装置以提高系统在吸氢和放氢时的速度。

$$\Delta Q = -R\left(\frac{\ln P_1 - \ln P_2}{T_1^{-1} - T_2^{-1}}\right) \tag{8-6}$$

　　在克拉伯龙方程中，P_1 和 P_2 是压力，T_1 和 T_2 是两个尽可能接近的氢气吸附温度，R 气体常数，ΔQ 是潜热。

　　在测量这个潜热的实验中，让吸氢过程的压力尽量小一些（<20大气压），这样可以把氢气近似为理想气体来考虑，不同的两个温度设置在 T_1(77K) 和 T_2(87K)，如图 8-8 所示。首先，在 PCT 已知体积的容器 V_s 中放入一定质量 M_a 的吸附材料（例如 MOF-5），并测量出容器的自由空间体积 V_f，将装有吸附材料的容器温度降至吸氢的温度 T_1(77K)，每次向容器中加入一定质量 M_i 的氢气，当系统达到平衡状态时记下每次加入氢气后平衡时的压力大小，V_s 的压力随着每次加入质量 M_i 的氢气而增加。在 V_s 中一部分氢气会很快地吸附到吸附材料上，另一部分氢气仍然是气体。这里可以近似地认为吸附到吸附材料上的氢分子体积很小并可以忽略不计，没有被吸附的氢气在已知容器自由体积 V_f 和温度的状态下可以计算出它的质量 M_f，这样我们就知道了吸附到吸附材料上的氢气分子质量 M_{ex}，$M_{ex} = M_i - M_f$。被吸入的氢气分子质量通常表示为吸附氢气质量与吸附材料质量加吸附氢气质量之比，吸氢质量百分数 $\eta = M_{ex}/(M_a + M_{ex})$。完成了第一个温度 T_1 的吸氢测量后，用同样的步骤再完成第二个温度 T_2 的吸氢测量。这样我们就可以得到两条曲线，在这两条曲线上可以找到不同温度下同样的吸氢质量百分数的压力值（P_1,

77K）和（P_2，87K）（见图 8-8）。通过近似克拉伯龙方程我们就可以计算出材料的潜热。

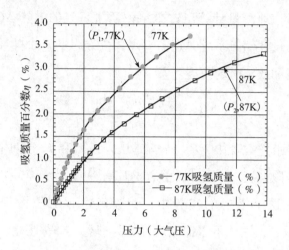

图 8-8　在两个不同的温度和压力下吸氢质量百分数的 PCT 测量数据

MOF 材料自身的热导系数极小，通常情况下吸放氢气时产生的潜热不能被及时传输，这会造成吸放氢气不足或者速度太慢。为了传导这个潜热，通常会在 MOF 材料中混入一定的导热系数较高的材料，一般会在 5% ~ 10% 的质量百分数，比如碳粉或者蓬松后的石墨等。MOF 材料自身是粉末状的，它的振实密度大约为 0.16g/cm³，装入储氢罐之前还必须把粉末材料压实成一定形状，压实定型后的 MOF 材料的质量密度会在 0.3 ~ 0.4g/cm³，并固定在散热的金属片上，在吸放气时不会再储气罐里移动。压实后的 MOF 材料的质量密度太高不仅会损害材料自身的结构，而且吸放氢气时氢气的渗透速度将会减小[10]。另外 MOF 材料对氢气中的杂质成分或者污染物非常敏感，特别是硫化氢和水分。MOF 材料吸附过多的污染杂质成分以后会减少吸氢量和使用寿命。

8.4　高压储氢罐的材料及结构

为了保证安全，储氢罐必须要有耐冲击和耐高压的性能。到现在储氢罐发展技术已经经历五代，储氢压力从 200 个大气压增加到现在的 700 个大气压，材料也从过去的单一金属材料发展到现在的聚合材料和碳纤维材料等复合材料。目前丰田汽车公司在氢燃料电池汽车 Mirai 上便使用了第四代复合材料制造的储氢罐。2016 年，美国的聚合材料技术发展公司推出的最新款 101 加仑储氢罐是完全由复合材料制造的，并且在储氢罐内没有用聚合材料作为衬底。不用衬底大大减小了储气罐的质量，一次成型、无接缝的储氢罐减少了气罐表面的结构缺陷和氢气的渗透。这样的材料也可以用在汽车车体、航空飞行机体上。表 8-5 列出了第三和第四代储氢罐的主要储氢指数。从第四代储氢容量为 120L 的储蓄罐的数据可以看出在 700 个大气压左右，能够储氢气的质量为4.65kg，尽管还没有达到燃料轻型汽车储氢要求的 5kg，但储氢罐的体积已经是 200L 以上了。根据表 8-5 中给出的数据高压氢气的体积质量密度是 0.023kg/L，而美国能源部 2017 年要求的储氢体积质量密度是 0.040kg/L，从这一数据可以看出，提高氢气的储存体积质量密度是氢燃料电池汽车商业化的一个难题。

表 8-5　目前两代汽车用储氢罐特征参数

第三和第四代储氢罐	三代	三代	三代	三代	四代	四代	四代	四代
气罐储氢体积（L）	34	100	50	100	36	65	30	120
标注储氢压力（bar）	350	350	700	700	350	350	700	700
测试压力（bar）	525	525	1 050	1 050	525	525	1 050	1 050

（续）

第三和第四代储氢罐	三代	三代	三代	三代	四代	四代	四代	四代
气罐系统重量（kg）	18	48	55	95	18	33	26	84
气罐系统体积（L）	50	150	80	150	60	100	60	200
室温下储氢质量密度（kg/m^3）	23.3	23.3	39.3	39.3	23.3	23.3	39.3	39.3
标准态下储氢气体积（m^3）	8.83	26.0	21.84	43.69	9.35	16.96	13.5	51.7
储氢质量（kg）	0.79	2.33	1.96	3.83	0.84	1.52	1.21	4.65
单位重量储氢质量（kgH_2/kg）	0.044	0.049	0.036	0.041	0.047	0.047	0.047	0.055
单位体积储氢质量（$kgH_2 \cdot L$）	0.016	0.016	0.025	0.026	0.014	0.015	0.021	0.023
单位重量储氢能量（kWh/kg）	1.467	1.633	1.200	1.367	1.567	1.567	1.567	1.833
单位体积储氢能量（kWh/L）	0.533	0.533	0.833	0.867	0.467	0.500	0.700	0.767

第一代储氢罐是用金属铝和钢做成的气罐，压力最高可以达到200 个大气压。第二代储氢罐是在铝合金和钢体外面再缠绕玻璃纤维，把压力提高到接近 300 大气压。第三代储氢罐在金属罐的衬底上还加用了人工复合材料，再缠绕上碳纤维和玻璃纤维，这样把储氢的压力提高到了 700 个大气压以上，但此时的储氢罐相当笨重。第四代储氢罐不再使用金属衬底而是用高分子聚合材料做衬底并用碳纤维缠绕制成，这样大大降低了储氢罐的重量，第四代储氢罐的制作步骤示意图如图 8-9 所示。

目前，日本 Toyota 生产的 Mirai 燃料电池汽车上使用的高压储氢罐就是第四代储氢罐，它和它在车辆底盘的位置如图 8-10 所示[11]。

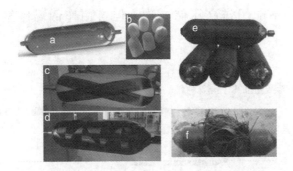

图8-9 第四代储氢罐的步骤示意图

注：制作步骤：a）铸造金属衬底，b）用高密度聚合材料均匀包裹在金属衬底上，c，d）再用高强度碳纤维丝多层缠绕在聚合材料罐体上，e）在碳纤维丝缠绕层涂上保护层，f）高压极限崩溃测试，储氢罐不会产生碎片。

a）Toyota Mirai的高压储氢罐　　　　b）Toyota Mirai的储氢罐在车尾底盘的位置

图　8-10

　　为了降低高压储氢罐的重量、制造成本和减少制作步骤，美国的 Composite Technology Development（CTD）公司将不再使用衬底而直接用高分子聚合物直接一次成型做成储氢罐体——第五代无衬底高压储氢罐。这种技术的关键是使用一种能够有形状记忆的塑性泡沫材料作为衬底，在一个较低的温度和压力下塑性泡沫的体积很小，并附着在支撑杆架上，当温度和压力升高变化时，塑性泡沫的体积增加，在硅橡胶外套的限制下转变成储气罐的形状，这时将做储氢罐的聚合物材料铸造在塑性泡沫的硅橡胶外套的表面上，聚合物在稳定成型以后将温度降回，使得塑性泡沫体积减小，并且回到支撑杆架上，最后将塑性泡沫和支撑杆从聚合物灌口取出就制成了聚合物的罐体，如图 8-11 所示。没有了衬底，储氢罐的承压能力也降低到 200 个大气压左右，这种储氢罐还不能用作高压储氢罐，但可用作低温储氢和材料储氢罐。

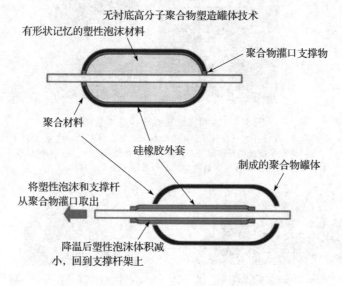

图 8-11　第五代无衬底高压储氢罐制作技术图解

参考文献

［1］ Teng He, Pradip Pachfule, Hui Wu, et al. Hydrogen Carriers ［J］. Nature Reviews Materials, 2016, 12(1): 59.

［2］ Aline L'eon. Hydrogen technology: Mobile and Portable Applications［M］. Berlin: Springer Science & Business Media, 2008.

［3］ Michael Hirscher. Handbook of Hydrogen Storage: New Materials for Future Energy Storage［M］. Weinheim: Wiley-VCH, 2010.

［4］ Jun Yang, Andrea Sudik, Christopher Wolverton, et al. High Capacity Hydrogen Storage Materials: Attributes for Automotive Applications and Techniques for Materials Discovery［J］. Chemical Society Reviews, 2010, 39(2): 656-675.

[5]　Energy Efficiency & Renewable Energy. DOE Targets for Onboard Hydrogen Storage Systems for Light-Duty Vehicles[OL]. [2017-05-17]. https://energy. gov/eere/fuelcells/downloads/doe-targets-on-board-hydrogen-storage-systems-light-duty-vehicles.

[6]　Kariya N, Fukuoka A, Ichikawa M. Efficient Evolution of Hydrogen from Liquid Cycloalkane over Pt-containing Catalysts Supported on Active Carbons under "wet-dry multiphase conditions" [J]. Applied Catalysis A: General, 2002, 233(1): 91-102.

[7]　Hodoshima S, Arai H, Takaiwa S, et al. Catalytic Decalin Dehydrogenation/Naphthalene Hydrogenation Pair as a Hydrogen Source for Fuel-cell Vehicle[J]. International Journal of Hydrogen Energy, 2003, 28(11): 1255-1262.

[8]　杨明, 王圣平, 张运丰, 等. 储氢材料的研究现状与发展趋势 [J]. 硅酸盐学报, 2011, 39(7): 1053-1060.

[9]　Eddaoudi M, Kim J, Rosi N, et al. Systematic Design of Pore Size and Functionality in Isoreticular MOFs and Their Application in Methane Storage[J]. Science, 2002, 295(5554): 469-472.

[10]　Purewal J J, Liu D, Yang J, et al. Increased Volumetric Hydrogen Uptake of MOF-5 by Powder Densification[J]. International Journal of Hydrogen Energy, 2012, 37(3): 2723-2727.

[11]　Mori D, Hirose K. Recent Challenges of Hydrogen Storage Technologies for Fuel Cell Vehicles[J]. International Journal of Hydrogen Energy, 2009, 34(10): 4569-4574.

ISBN	书名	价格	作者
978-7-111-59411-6	论领导力	50.00	（美）詹姆斯 G. 马奇 蒂里·韦尔
978-7-111-59308-9	自由竞争的未来	65.00	（美）C.K.普拉哈拉德 文卡特·拉马斯瓦米
978-7-111-41732-3	科学管理原理（珍藏版）	30.00	（美）弗雷德里克·泰勒
978-7-111-41814-6	权力与影响力（珍藏版）	39.00	（美）约翰 P. 科特
978-7-111-41878-8	管理行为（珍藏版）	59.00	（美）赫伯特 A. 西蒙
978-7-111-41900-6	彼得原理（珍藏版）	35.00	（美）劳伦斯·彼得 雷蒙德·赫尔
978-7-111-42280-8	工业管理与一般管理 （珍藏版）	35.00	（法）亨利·法约尔
978-7-111-42276-1	经理人员的职能（珍藏版）	49.00	（美）切斯特 I.巴纳德
978-7-111-53046-6	转危为安	69.00	（美）W.爱德华·戴明
978-7-111-42247-1	马斯洛论管理（珍藏版）	50.00	（美）亚伯拉罕·马斯洛 德博拉 C. 斯蒂芬斯 加里·海尔
978-7-111-42275-4	Z理论（珍藏版）	40.00	（美）威廉 大内
978-7-111-45355-0	戴明的新经济观	39.00	（美）W. 爱德华·戴明
978-7-111-42277-8	决策是如何产生的 （珍藏版）	40.00	（美）詹姆斯 G.马奇
978-7-111-52690-2	组织与管理	40.00	（美）切斯特·巴纳德
978-7-111-53285-9	工业文明的社会问题	40.00	（美）乔治·埃尔顿·梅奥
978-7-111-42263-1	组织（珍藏版）	45.00	（美）詹姆斯·马奇 赫伯特·西蒙